FLUCHTEN

WIE EIN JUNGES MÄDCHEN DEN HOLOCAUST ÜBERLEBTE

Editorische Anmerkung

Die englische Fassung *Escape Story. How a Young Girl Survived the Holocaust,* erschienen 2011 bei *Sharron Publishing,* basiert auf den in hebräischer und englischer Sprache notierten Aufzeichnungen Eva Erbens und Gesprächen mit dem Herausgeber und Übersetzer David Lawson. Sie enthält Teile des in deutscher Sprache im Verlag *Beltz & Gelberg* erstmals 1996 erschienenen Buches *Mich hat man vergessen. Erinnerungen eines jüdischen Mädchens.* Für die vorliegende Ausgabe wurde der englische Text von Daniel Baranowski (Stiftung Denkmal) neu übersetzt, korrigiert und redigiert sowie um einige Passagen aus dem lebensgeschichtlichen Interview, das Eva Erben der Stiftung Denkmal für die ermordeten Juden Europas im November 2011 gegeben hat, ergänzt. Eva Erben hat diese Neuausgabe autorisiert.

Die Stiftung Denkmal für die ermordeten Juden Europas wird aufgrund eines Beschlusses des Deutschen Bundestages gefördert durch

Der Beauftragte der Bundesregierung
für Kultur und Medien

Impressum

Herausgegeben von Daniel Baranowski und Uwe Neumärker
Stiftung Denkmal für die ermordeten Juden Europas

1. Auflage 2014
V. i. S. d. P. / Redaktion: Uwe Neumärker
Korrektorat: Barbara Hoven
Umschlagabbildung: Prag, 24. Oktober 1941, das letzte Foto Eva Erbens, geb. Löwidtová, vor der Deportation nach Theresienstadt.
Satz, Gestaltung und Lithographie:
buschfeld.com – graphic and interface design, Berlin
Druck und Bindung: MKL Druck GmbH & Co. KG, Ostbevern

Sämtliche Ergebnisse bzw. Informationen
beziehen sich auf den Stand vom 31. Oktober 2013.

ISBN: 978-3-942240-10-9

Die Deutsche Nationalbibliothek verzeichnet diese Publikation in der Deutschen Nationalbibliografie. Detaillierte bibliografische Daten sind im Internet über ›http://dnb.ddb.de‹ abrufbar.

www.stiftung-denkmal.de

Eva Erben

FLUCHTEN

WIE EIN JUNGES MÄDCHEN DEN HOLOCAUST ÜBERLEBTE

Mit einem Geleit von Günther Jauch

Stiftung Denkmal für die ermordeten Juden Europas
Herausgegeben von Daniel Baranowski und Uwe Neumärker

Stiftung
Denkmal für die
ermordeten Juden
Europas

Im Ghetto Theresienstadt haben wir Jugendlichen manchmal »Zubuße« bekommen, das heißt, es gab etwas mehr zu essen. Meist war das ein kleiner Würfel Margarine, ungefähr drei Gramm, und ein Esslöffel Zucker in einem Säckchen. Wir haben den Zucker auf den Margarinewürfel gestreut und daran geleckt, als ob es Eis wäre. Beim Essen fühlten wir uns so, als wären wir wieder in einer unbeschwerten, längst vergangenen Zeit, und hofften, dass diese absurde Gegenwart um uns herum ein Ende hätte. Wir waren zwölf Jahre alt.

Meine Freundin hieß Vera Stein. Sie blickte mich an und sagte: »Glaubst du, dass man uns jemals glauben wird, wenn wir später von all dem erzählen?« Damals haben wir nicht geahnt, wie viel wir noch sehen und erleben würden. Und wie viel wir davon erzählen würden.

Eva Erben, September 2012

Mein Dank gilt Jolanda Hoppmeier, deren wundervolle Idee es war, Dr. David Lawson meine Aufzeichnungen zu zeigen; denn ohne ihn gäbe es dieses Buch nicht.

Eva Erben, Dezember 2010

INHALT

GELEIT

Es war ein unscheinbarer Brief, der mich vor einigen Jahren über *RTL* erreichte.

Mit einer ungewöhnlich bunten Briefmarke aus Israel frankiert und offensichtlich auf einer mechanischen Schreibmaschine verfasst. Darin teilen mir das Ehepaar Eva und Peter Erben mit, dass sie in Israel keine meiner *Wer wird Millionär?*-Sendungen verpassen. In einem Nebensatz erwähnen sie, dass sie beide »den Holocaust überwunden« hätten. Bei Interesse könne ich in zwei Büchern nachlesen, wie es ihnen in ihrem Leben ergangen sei. Im übrigen sei ich ihnen in Israel jederzeit willkommen.

So stieß ich, völlig unvorbereitet, auf Eva Erbens Lebensgeschichte. Zum Grauen über das, was sie und ihr Mann Peter erlebt haben, kam das Unverständnis, warum die beiden ausgerechnet mit einem Mann aus dem Land der Täter so überaus freundlich korrespondierten.

Jedenfalls wuchs in mir der Wunsch, nach Israel zu reisen und die beiden zu besuchen. Noch immer zweifelnd, wählte ich eine Telefonnummer im fernen Aschkelon. Eva war sofort selbst am Apparat und nahm mir innerhalb von Sekunden jede Befangenheit. Bald darauf besuchte ich sie und ihren Mann in dem Haus, dass die beiden vor fast 60 Jahren mit eigener Hände Arbeit erbaut haben.

Seitdem schreiben und treffen wir uns regelmäßig, Eva hat meine Familie in Potsdam besucht, und wir sind gute Freunde geworden.

Dieses Buch mit Evas Erinnerungen ist in zweifacher Hinsicht ein besonderes Dokument. Es gibt Zeugnis davon, was Menschen – die sich gleichzeitig als Angehörige einer Kulturnation dünkten – anderen Menschen an unvorstellbaren Grausamkeiten angetan haben. Bei allem Schmerz und aller Trauer, die einen beim Lesen dieses Buches ergreift, kündet es gleichzeitig von der großen Liebe, die Eva für andere Menschen empfindet. Sie, der als Kind die ganze Familie genommen wurde, ist heute als Urgroßmutter das Zentrum einer glücklichen Großfamilie.

Sie berichtet vom Schrecken ihres Lebens und ist gleichzeitig eine Frau, die daran nicht zerbrochen ist und anderen Menschen – ach, der ganzen Welt – mit offenen Armen und lauterem Herzen begegnet.

Eva Erben zeigt uns, was Unmenschlichkeit in unserer Welt bedeutet und wie man selbst in den dunkelsten Stunden nicht für immer verbittert. *Fluchten* vermittelt Zeitgeschichte und Herzensbildung in einem.

Eva ist im selben Jahr wie meine Mutter, die leider nicht mehr lebt, geboren. Dieses Buch werden auch deren Urenkel noch lesen.

Das verspreche ich.

Günther Jauch
Potsdam, den 1. Dezember 2013

Hamburg, 2008: Eva Erben und Günther Jauch bei einem Auftritt zur Präsentation ihres Kinderbuches *Mich hat man vergessen. Erinnerungen eines jüdischen Mädchens.*

ASCHKELON, ISRAEL

Es ist heiß, selbst für einen israelischen Sommer ungewöhnlich heiß. Noch nicht einmal die kleinen Eidechsen, die draußen normalerweise über den Bürgersteig huschen, rühren sich in der Hitze. Seit dem frühen Morgen fällt strahlender Sonnenschein in jeden Winkel des Zimmers. Keine kühle Brise dringt durch das offene Fenster, nur heiße Luft steht im Raum. Man kann ihr nicht entfliehen, allein das Fenster schließen, die Jalousien herunterlassen und die Klimaanlage auf die höchste Stufe stellen.

Aber es kommt mir irgendwie falsch vor, die Sonne auszusperren, und unbewusst tauchen in meinem Kopf Gedanken an meine Kindheit auf: Wie sehr ich den Sonnenschein geliebt habe. Ich erinnere mich, dass die Sonne angenehm, sanft, manchmal sogar ein wenig kühl war, und ich beginne, mich in der Vergangenheit zu verlieren. Da der Sommer in Israel lange andauert, habe ich ausreichend Zeit, mein Gedächtnis nach Erinnerungen zu durchforsten, durch sie hindurchzugehen, mich auf sie zu konzentrieren und zu erklären, wie das Leben zu Hause war. Also erinnere ich mich ...

MEIN ERSTES ZUHAUSE

Ich erinnere mich an die Stadt, in der ich am 24. Oktober 1930, an einem regnerischen Herbsttag geboren wurde. Tetschen liegt in der Nähe der deutschen Grenze, etwa 110 Kilometer nördlich von Prag, der Hauptstadt der damaligen Tschechoslowakei. Meine Eltern, Marta und Jindrich Löwidt, waren seit sieben Jahren verheiratet und hatten sich schon lange Zeit ein Kind gewünscht. Sie gaben mir den Namen Eva. Viel später in meinem Leben erst wurde mir klar, dass die Initialen meines Namens – E. L. – die gleichen wie die von Estée Lauder, der berühmten Kosmetikunternehmerin, waren, die ebenso wie ich einen tschechisch-jüdischen Vater hatte.

Meine ersten wirklichen Erinnerungen sind die Besuche bei Oma Matilda, der Stiefmutter meiner Mutter. Die leibliche Mutter meiner Mutter, Charlotte, war lange vor meiner Geburt gestorben, und Großvater hatte wieder geheiratet. Zur Zeit meiner Geburt war er ebenfalls bereits tot, deswegen kenne ich ihn nur durch Fotografien und aus Familiengeschichten. Großmutter lebte in Hermannstädtel, einer kleinen, etwa 130 Kilometer östlich von Prag gelegenen Stadt, in der Großvater eine Schuhfabrik besaß, die sein Vater, mein Urgroßvater, 1867 aufgebaut hatte. Wir besuchten sie regelmäßig zwei Mal im Jahr, im Sommer und dann im Winter zu Chanukka, dem jüdischen Lichterfest, das wir im Dezember um Weihnachten herum feierten. Vier Stunden waren wir mit dem Zug dorthin unterwegs – ein großes Abenteuer für ein kleines Mädchen. Bei unseren Besuchen im Winter lag schon Schnee, alles war weiß und glitzerte im Schein der Laternen, wie in einem Märchenland. Joseph, Großmutters Kutscher, empfing uns mit seinen beiden Pferden und der Kutsche am Bahnhof. Es gab nur wenige Kraftfahrzeuge, so dass zu jener Zeit Familien in den Dörfern auf dem Land gewöhnlich eine Kutsche und Pferde besaßen – dies war keinesfalls ein Zeichen großen Wohlstands. Joseph hob mich dann hoch und wickelte mich zum Schutz vor der Winterkälte in einen großen Fellteppich; er kam mir immer sehr stark vor. Wenn wir dann alle bequem in der Kutsche saßen, ließ Joseph die Peitsche knallen, und wir brachen so ruckartig auf, dass wir fast aus unseren Sitzen geworfen wurden. Das Klingeln der Pferdeglocken begleitete uns den ganzen Weg zu Großmutters Haus, entlang einer schnurgeraden Straße, die von hohen Bäumen gesäumt war. Sowie sie die Glocken hörten, kamen Großmutter, Onkel Ernst – der älteste Bruder von Mutter –, die Köchin Maria und das Hausmädchen Stella zur Tür, um uns alle zu empfangen und uns mit Umarmungen und Küssen zu begrüßen. Da es schon spät war, brachten sie mich sofort ins Schlafzimmer. Das riesige Bett befand sich in einem großen Zimmer, in dem es wunderbar nach Äpfeln roch, die Großmutter auf den Kleiderschränken für den Winter lagerte. Ermüdet und glücklich schlief ich trotz der Aufregung nach der langen Reise bald ein. Bis heute beschwört der leichte Duft von Äpfeln in mir Bilder dieses Schlafzimmers und meiner Großmutter herauf.

Bei einem unserer Besuche im Sommer gab es einen Dieb. Großmutters Haus war von einem herrlichen Garten mit großen alten Bäumen umgeben. Genau vor ihrem Schlafzimmerfenster stand ein Kastanienbaum, in dem eine schöne Elster ihr Nest gebaut hatte. Die Elster hatte vor uns keine Angst und saß oft auf dem Fenstersims. Wenn das Fenster geöffnet war, getraute sie sich sogar, in das Zimmer zu kommen, und hüpfte vorsichtig zu dem großen Spiegel in der Ecke. Glänzende Objekte interessierten sie, und besonders dieser Spiegel erregte ihre Aufmerksamkeit. Gerne sah ich ihr dabei zu, wie sie in den Spiegel schaute, ihren Kopf hin und her drehte und ein sonderbares Krächzen ertönen ließ. Ich mochte diese Elster sehr gern. Eines Tages jedoch hatte Großmutter ein Paar Ohrringe auf ihrer Frisierkommode vor dem Spiegel liegenlassen. Unser täglicher Gast bemerkte das natürlich sofort und hüpfte dorthin. Plötzlich schnappte die Elster mit ihrem Schnabel einen der Ohrringe und flog geradewegs aus dem Fenster. Großmutter und ich waren so überrascht, dass wir vor lauter Verblüffung nichts tun oder sagen konnten. Die Elster war bereits wieder im Baum, legte ihr Spielzeug in das Nest und untersuchte es sorgfältig. Nachdem Großmutter ihre Überraschung überwunden hatte, ließ sie eine lange Leiter herbeibringen und gegen den Baum lehnen. Die Jagd nach der diebischen Elster – oder eher nach dem Ohrring – hatte begonnen.

Die Leiter war groß genug, um an das Nest zu gelangen, sodass wir uns sicher waren, den gestohlenen Ohrring sehr leicht zurückzubekommen. Aber die Elster war schlauer als wir. Sie wollte sich noch nicht so bald von ihrem neuen Spielzeug trennen. Als sie merkte, was vor sich ging, flog sie mit der Beute in ihrem Schnabel davon. Einige Tage war sie verschwunden; wir sahen sie weder im Baum noch auf dem Fenstersims oder im Garten. Die Ohrringe waren ein Geschenk der Mutter meiner Großmutter, weshalb sie über den Verlust sehr aufgebracht war.

Wir hatten die Hoffnung, die Ohrringe wiederzuerlangen, bereits vollkommen aufgegeben, als fünf Tage später die Elster auf einmal – als wäre nichts geschehen – am Fenster auftauchte; nur hatte sie dieses Mal den Ohrring in ihrem Schnabel. Sie flog in das Zimmer, hüpfte auf die Kommode vor dem Spiegel und ließ den Ohrring an genau derselben Stelle, wo sie ihn gefunden hatte, fallen. Welch eine Erleichterung – und welch eine Aufregung.

Die Elster verdiente eine Belohnung, und da ich wusste, dass Großmutter viel dafür bezahlt hätte, den Ohrring zurückzubekommen, bereitete ich einen Festschmaus. Ich eilte in den Garten und sammelte gemeinsam mit dem Gärtner Würmer und Insekten, die der Elster hoffentlich schmecken würden. Ich legte ihr das Festessen auf den Fenstersims, und tatsächlich lockte sie das an. Sie verschlang alles, und wir waren überglücklich – die Rechtschaffenheit hatte gesiegt und wurde belohnt.

Erinnert mich der Geruch von Äpfeln an die Eltern meiner Mutter, so ist es der Geruch von Fisch, der Erinnerungen an die Eltern meines Vaters auslöst. Mein Großvater väterlicherseits hatte eine Fischkonservenfabrik in Krochwitz, nicht weit von unserem Zuhause. Wir wohnten in Tetschen im Stadtteil Bodenbach und gingen fast jeden Sonntag zu Opa Rudolf und Oma Katerina. Man nahm den Fischgeruch schon von weitem wahr. Kaum hatten wir den Hof betreten, empfing uns Bobik, der Hund der Großeltern, mit lautem Gebell. Er freute sich sehr, uns zu sehen, doch ich hatte ein wenig Angst vor ihm und wollte nicht aus der Kutsche aussteigen, bis er beruhigt worden war. Unterdessen bewirkte unsere Ankunft immer eine Menge Lärm und Geflatter im Taubenschlag und auch bei den Hühnern, die im Hof herumpickten und gackerten. Opa Rudolf und Oma Kateřina erwarteten uns an der Tür und umarmten uns. Großvater trug immer Reithosen und -stiefel – er liebte Pferde –, Großmutter ein langes, bis zum Hals zugeknöpftes Kleid. Drinnen setzten wir uns alle zum Essen. Einmal lag Bobik schlafend unter dem Tisch. Er wachte auf und sprang plötzlich auf meinen Schoß, sodass ich mich über und über mit Himbeersaft bekleckerte. Doch für all die Momente, in denen er mir Angst eingejagt hatte, konnte ich eines Tages Rache nehmen. An einem heißen Sommertag hatte Großmutter eine große Wanne mit Wasser in den Garten gestellt und ich paddelte darin. Ich schüttete die ganze Wanne über dem armen schlafenden Hund aus. Er sprang auf, schüttelte sich fürchterlich und bespritzte alle, die im Garten waren. Niemand entkam dieser Dusche.

Nach dem Essen wurde von mir gewöhnlich erwartet, den Erwachsenen etwas darzubieten. Ich mochte es, mit einem Gedicht oder einem Lied vor anderen aufzutreten. Großmutter und Großvater waren ein dankbares Publikum. Nachdem ich einige Lieder gesungen hatte, sprang ich auf den Schoß eines der beiden und genoss ihre Beifallsbekundungen. Wenn wir nach Hause gingen, gab uns Großvater immer etwas von den Speisen aus seiner Fabrik mit; das Beste war eine ungefähr 30 Quadratzentimeter große Dose mit Gänseblümchen auf dem Deckel und einem Etikett mit der Aufschrift *Madria*. Darin befanden sich wunderbar duftende geräucherte Heringe. Auch als wir 1936 nach Prag umgezogen waren, schickte uns Großvater diese wundervollen Köstlichkeiten.

Mein Vater war der jüngste von drei Brüdern. Oskar, der Älteste, lebte mit seiner hübschen Frau, meiner Tante Elsa, in Wien. Ihre Tochter, meine Cousine Inge, mochte ich sehr. Sie war genauso alt wie ich, und wir waren uns sehr ähnlich. Der zweite Sohn, Franz, lebte in Pilsen, wo unsere Familie ursprünglich herkam. Ich weiß nicht, wo er seine Frau, meine Tante Klara, getroffen hatte. Sie war Ungarin, sprach sehr gut Tschechisch und war sehr elegant, für unseren Geschmack sogar zu elegant. Vater sagte immer, dass sie auf einer Wellblechmaschine schlafen müsse, da sie so regelmäßig gewelltes Haar habe. Abends benutzte sie Glyzerin, um ihre Hände geschmeidig zu halten, und trug weiße, gestrickte Handschuhe, damit das Glyzerin ihre Kleidung nicht beschmutzte. Cousine Edith, ihre Tochter, war drei Jahre älter als ich. Sie war ein blasses Mädchen, brav und ruhig, kletterte nicht auf Bäume und machte sich nicht schmutzig – was sie sehr von mir unterschied.

Immer wieder versammelten wir uns alle bei Familienfeiern in Großvaters Garten unter den Birnbäumen, aßen etwas und plauderten. Ich bemerkte mit der Zeit, dass die Erwachsenen das Gespräch unterbrachen, wenn wir Kinder dazu kamen, und dass sie wohl über die Zukunft sprachen. Denn unterdessen braute sich über unserem Land etwas zusammen: Nazideutschland, unterstützt und begünstigt durch deutschnationale Bewegungen in der Tschechoslowakei, bedrohte das ganze Land. Wenn ich jetzt auf diese Zeit zurückblicke, erschüttert mich der furchtbare Gegensatz zwischen meinem fröhlichen, sorglosen Leben und der Liebe, die mir zuteil wurde einerseits, und den belastenden Gefühlen, die meine Eltern empfunden haben müssen, auf der anderen Seite.

In der Nähe unseres Hauses in Bodenbach befand sich in der Bodenbacher Straße eine Apotheke und auf der anderen Seite ein Milchgeschäft, das den Namen *U Zákouckých* trug. Ich ging mit meiner Mutter oft dort hin. Durch den Laden wuselte immer ein junges Mädchen, das etwas älter als ich war. Sie wog Sachen ab und packte Tüten. Mir erschien das so großartig, dass ich auch genau so einen Laden haben wollte. Vater beugte sich meinem Wunsch und baute mir einen Spielzeugladen aus Holz, ähnlich dem eines Lebensmittelhändlers, mit richtigen etikettenbewehrten Schubladen – Zucker, Mehl, Salz und so weiter – und Tüten, Schöpfkellen und einer Waage. Ich war im siebten Himmel und spielte sehr gern damit.

Mein ziemlich großes Schlafzimmer hatte einen großen grün-gekachelten Ofen, da es im Winter sehr kalt war. Dadurch bekam das Zimmer einen eher förmlichen Charakter, aber zum Spielen war es ein wunderbarer Ort. Am liebsten spielte ich mit meinen Puppen Kindergarten; ich setzte sie auf kleine Stühle und schimpfte mit ihnen, genau so wie ich von den Erziehern in meinem eigenen Kindergarten ausgeschimpft wurde. Nachmittags ging ich gern mit unserem Hausmädchen Boženka spazieren. Da ich ihren Namen nicht richtig aussprechen konnte, nannte ich sie in jungen Jahren Hagla. Nach meiner Mutter war sie mir die Liebste. Wir stiegen meistens die Schäferwand hinauf – das war ein kleiner Hügel, der gegenüber von unserem Haus lag. Ich sammelte Vogelbeeren, und wenn wir eine Bank erreicht hatten, setzten wir uns zum Ausruhen hin. Hagla gab mir eine Banane, nahm dann Nadel und Faden aus ihrer Tasche, fädelte die Beeren auf eine lange Kette und machte mir so ein Hals- oder Armband. Ich bewahrte diesen ›Schmuck‹ in einer kleinen Tasche auf, bis er schließlich ziemlich verschrumpelt war. Hinter unserem Haus befand sich ein Hang, der im Winter schneebedeckt war. Dort trafen sich alle Kinder aus unserer Straße nach der Schule mit ihren Schlitten. Wieder und wieder rutschten wir den Hügel hinab und stiegen erneut hinauf. Mit glühenden Wangen und voll ungeduldiger Vorfreude auf das Essen gingen wir abends nach Hause.

Ich hatte viele Freunde. Obwohl ich wusste, dass wir Juden waren, dachte ich keinen einzigen Moment, dass ich anders als die Anderen sei, denn ich fühlte mich nie anders. Unsere Familie war weder besonders religiös noch praktizierte sie jüdische Gebräuche und ging außer zu Jom Kippur, dem heiligsten Tag im jüdischen Jahr, nicht in die Synagoge. Nach einem meiner Ausflüge mit Boženka gingen wir in die Kirche, weil sie dort kurz beten wollte. »Das macht doch nichts, dass das nicht die Synagoge ist. Der liebe Gott ist doch überall derselbe!«, sagte sie zu mir. Sie tauchte ihre Hand am Eingang in ein Becken mit Weihwasser und bekreuzigte sich. Das gefiel mir so gut, dass ich es ihr gleichtat. Sie betete in dieser Kirche mit mir gemeinsam und als ich das später meiner Mutter erzählte, lachte sie nur und sagte ebenfalls: »Der liebe Gott ist überall.« Ich erinnere mich jedoch auch an eine Situation, in der ich zusammen mit meiner Mutter auf der Empore der Synagoge saß – in der jüdischen Tradition sitzen Männer und Frauen in der Synagoge getrennt, die Männer unten und die Frauen auf der Empore – und auf meinen Vater schaute, der an einer Prozession teilnahm und eine der Thorarollen trug. Er schaute ungewöhnlich ernst drein. Sonst sah ich ihn immer fröhlich, lächelnd, voller Freude und zuversichtlich, zumindest was mich betraf.

Als ich sechs Jahre alt war, zogen wir in die Hauptstadt. Prag ist eine große, geschäftige und sehr alte Stadt. In der Vergangenheit hatten dort Könige, Kaiser, Herzöge, wohlhabende und bedeutende Menschen gelebt. Sie ließen Schlösser, Paläste und Herrschaftshäuser errichten und unterstrichen so ihren Reichtum und ihre Bedeutung, sodass Prag noch heute eine außergewöhnlich schöne Stadt ist. Die Moldau fließt durch sie hindurch; mehrere Brücken überspannen den Fluss. Es gibt an den Ufern großartige Parks und Gärten, und an den breiten Straßen stehen anmutige, oft sehr alte, große Häuser.

Ich glaube nicht, dass ich zu jener Zeit verstanden habe, warum wir umzogen, aber im Rückblick ist es vollkommen klar. Tetschen lag im Sudetenland, dem Teil der Tschechoslowakei, der direkt an der Grenze zum Deutschen Reich lag, und bildete das Zentrum der deutschnationalen Bewegung. Ihre Anhänger wollten sich von der Tschechoslowakei lossagen, dem ›Dritten Reich‹ beitreten und waren stark antisemitisch. Meine Eltern waren über die Agitation und die Hetze besorgt und entschlossen sich, von Tetschen an einen vermeintlich sicheren Ort zu ziehen. Nach dem berüchtigten Münchner Abkommen im September 1938 gliederten die Deutschen das Sudetenland dann tatsächlich an das Deutsche Reich an. Wir hatten Tetschen zwei Jahre zuvor verlassen.

Unser Prager Haus besaß einen wundervollen Garten. In einer Ecke stand ein Pflanzenspalier, das über und über mit wilden Rosen bewachsen war. Im Sommer spielte ich dort zusammen mit Ilonka, meiner besten Freundin aus der Schule, mit meiner Puppe Hanna. Dieser Ort wurde zu unserer geheimen Höhle, in der wir ungestört spielen und uns über all die Dinge, die kleine Mädchen wichtig finden, unterhalten konnten. Während des Winters spielten wir im Haus, meistens unter der Treppe. Im Erdgeschoss unseres Hauses waren die Küche, das Esszimmer, das Wohnzimmer und zwei Wintergärten, in denen sich meine Mutter liebevoll um ihre Topfpflanzen kümmerte. Im Obergeschoss gab es zwei Schlafzimmer und auch das Labor meines Vaters. Er war Chemieingenieur und besaß eine Werkstatt zur Gummiherstellung. Seine Experimente führte er jedoch in seinem Heimlabor durch, in dem er Materialien aus Gummi, die für den Einsatz in der Medizin bestimmt waren, produzierte. Es gab dort große Rollen von rotem Rohkautschuk, aus dem diese Materialien hergestellt wurden, und einen Tisch, auf dem kleinere oder größere Scheiben ausgeschnitten wurden. Diese wurden an Zahnärzte verkauft, die sie zur Behandlung ihrer Patienten benötigten. Vater hatte zwei Angestellte, deren Schlagen und Klappern wir den ganzen Tag hören konnten. Mein Vater hatte den Ehrgeiz, eine neue synthetische Substanz zu erfinden, die reißfest, so durchsichtig wie Glas und gleichzeitig unzerbrechlich sein sollte. Als wir einmal unter der Treppe spielten, hörten wir eine gewaltige Explosion, sodass unser Spielzeug in alle Richtungen flog. Schwarzer Rauch quoll unter der Tür des Labors hervor, und dann erschien mein Vater – sein Gesicht war schwarz vom Rauch und er sah wie eine Figur aus einem Zeichentrickfilm aus. Meine Mutter war natürlich voller Angst und aufgebracht, aber Ilonka und ich prusteten vor Lachen los. Das war ein Anblick, den wir nie mehr vergaßen. Sie stellten dort aber auch andere Sachen her, zum Beispiel längliche Ballons aus hellgelbem Gummi, die in einer Art Puder gewendet wurden. Jeder einzelne wurde in eine Schachtel gegeben und zu zehn Stück verpackt. Eines Tages sah ich, wie einer der Arbeiter einen der Ballons aufblies. Ich fragte, warum der Ballon nicht rund sei, wie es normalerweise der Fall war. Er sagte zu mir, dass es kein Spielzeug sei, sondern eine Art Gummihandschuh für einen Finger. »Aber warum blasen Sie ihn auf?«, fragte ich. »Um zu überprüfen, ob er Löcher hat.« Natürlich fragte ich, was passieren würde, wenn der Ballon tatsächlich ein Loch hätte. »Dann wird noch so ein Taugenichts wie Du auf die Welt kommen!«, antwortete er und ich wurde sanft aus dem Zimmer geschoben. Ich hatte es aber trotzdem geschafft, zwei dieser »Ballons« mitzunehmen und ging in den Garten, um sie aufzublasen. Doch meine Mutter sah mich und nahm sie mir weg.

Einmal hat mich mein Vater in sein Arbeitszimmer hineingelassen. Ich bewunderte die verschiedenen, mit rotem, gelbem, grünem und blauem Wasser gefüllten Fläschchen. Die Chemie faszinierte mich, und bis heute stelle ich Chemikern, die ich treffe, immer wieder Fragen, die ich meinem Vater nicht mehr stellen konnte. Ich habe zum Beispiel später herausgefunden, warum mir der Schnee, den ich während des ›Todesmarsches‹ gegessen habe, zwar ein Völlegefühl gegeben hat, aber meinen Durst nicht gelöscht hat: Ein Chemiker aus Berlin erklärte mir, dass Schnee fast keine Mineralien enthält.

Im Frühling und im Sommer machten wir oft Ausflüge. Manchmal durchstreiften Vater, Mutter und ich die Wälder rund um Prag und sammelten Pilze und Beeren. Mein Vater wusste alles über Pilze, welche essbar waren und welche giftig. Ich wollte immer die schönsten pflücken, aber das waren zumeist die giftigsten. Wieder und wieder musste Vater mir erklären, warum es gefährlich war, giftige Pilze zu essen. Aber nach einiger Zeit konnte auch ich die guten von den schlechten unterscheiden. Von diesen Ausflügen kamen wir immer mit vollen Körben zurück. Boženka säuberte die Pilze und breitete sie zum Trocknen auf dem Ofen aus. Dort lagen sie mehrere Wochen lang. Immer wenn meine Freundin und ich in die Nähe des Ofens kamen, ermahnte sie uns, uns fernzuhalten, weil sie besorgt war, dass wir die Pilze beschädigen könnten.

Meine Schule war nicht weit von unserem Zuhause entfernt. Die Schulstunden wurden in tschechischer Sprache abgehalten, aber wie viele Kinder in Böhmen war ich zweisprachig und konnte Tschechisch und Deutsch. Zu Hause und mit meinen Freunden sprach ich manchmal Tschechisch, manchmal Deutsch. Ich mochte die Schule, besonders das Fach Geschichte. Der Lehrer erzählte uns von der ruhmreichen Vergangenheit der Tschechoslowakei, von berühmten Königen und Kaisern, aber auch von grausamen Fürsten und Kriegen. Es gab Könige, die ihr Volk unterdrückt und ausgebeutet hatten. Ich war froh, in einer Zeit zu leben, in der das Land nicht mehr von Königen, sondern – wie die Erwachsenen es nannten – von einem demokratischen Parlament regiert wurde.

»JUDE!«

Eines Tages – es war irgendwann im Jahr 1938 – kam Mutter nach Hause und erzählte uns, dass sie einen Arzt getroffen habe, der mit seiner Frau und seiner Tochter von Rumänien nach Prag gekommen war. Die Familie war dabei, nach Amerika auszuwandern und ihre Reisevorbereitungen abzuschließen und wartete nun auf ihre Papiere. Da sie vollkommen alleine waren und keine Freunde in Prag hatten, lud Mutter sie zu uns ein. So lernte ich Doktor Boris Libon, seine Frau Dussia und ihre sechs Jahre alte Tochter Danuška kennen. Während der darauffolgenden Wochen waren die Libons häufig bei uns zu Gast und aßen an jedem Freitag mit uns zu Abend. Am Freitagabend beginnt der Sabbat mit einem besonders guten Essen im Kreis der Familie. Die Libons wurden zu guten Freunden.

Natürlich waren mir zu dieser Zeit weder die bedrohliche politische Situation der Tschechoslowakei noch die viel schlimmere Gefahr für die Juden durch die Nazis im Deutschen Reich bewusst, und ich fand die Überlegung der Libons, nach Amerika auszuwandern, vor allem aufregend. Rückblickend wird mir klar, dass die Anwesenheit der Libons meinen Eltern den Ernst unserer eigenen Situation vor Augen führte und sie natürlich anfingen, über unsere Auswanderung nachzudenken.

Unterdessen näherte sich der Zeitpunkt, zu dem die Libons uns verlassen sollten. Sie boten mir an, mitzukommen, doch ohne meine Eltern wollte ich nicht gehen. Als sie aufbrachen, blieb ich in Prag. Doch bevor sie gingen, versprachen sie meinen Eltern, dass sie sich, sobald sie sich in Amerika niedergelassen hätten, um die notwendigen Unterlagen kümmern würden, die uns zu ihnen bringen könnten. Unmittelbar vor ihrer Abreise übergab meine Mutter Dussia einen Ring, der aus zwei Diamanten und einem Saphir bestand und den sie aufbewahren sollte, »bis wir uns wiedersehen«.

Meine Eltern waren sehr darauf bedacht, mich durch ihre großen Befürchtungen im Hinblick auf die Zukunft nicht zu belasten, aber natürlich erahnte ich ihre Sorgen und bekam zufällig Teile ihrer Gespräche mit. Ich erinnere mich daran, dass mein Vater 1935 gesagt hatte: »Das, was im Deutschen Reich vor sich geht, kann hier, in der Tschechoslowakei unter Staatspräsident Masaryk, in einer Demokratie, nicht passieren.« Wenn ich zurückblicke, erkenne ich, dass meine Eltern solche

Sachen nur sagten, um sich selbst Mut zuzusprechen und nicht weil sie davon überzeugt waren, dass alles gut ausginge. Sie hatten offensichtlich sehr ernsthaft über die Auswanderung und über Verdienstmöglichkeiten in Amerika nachgedacht, denn meine Mutter fing mit einem Kochkursus an: *Vrabcová Studena Kuchyne* [Die Kalte Küche des Herrn Vrabec], benannt nach Vilém Vrabec, einem bekannten tschechischen Koch. Das führte dazu, dass wir in der Folgezeit besonders freitags bei den Abendessen mit den Libons einige köstliche und schön drapierte Gerichte auf dem Tisch stehen hatten. Dussia wollte auch etwas zu unseren festlichen Essen beitragen und brachte ein besonderes rumänisches Gericht mit, das aus Auberginen bestand und *Baklazan* hieß. Weder kannten wir dieses Gemüse, noch mochten wir es, aber aus Höflichkeit aßen wir es. Heute koche ich ›Chazilim‹, wie Auberginen auf Hebräisch heißen, sehr oft. Sie sind köstlich, leicht zuzubereiten und preiswert. Meine Mutter begann auch zu lernen, wie man Seidenblumen herstellte. Es war zu der Zeit der letzte Schrei, so etwas an Hüten oder Kleidern zu tragen. Ich erkannte die Bedeutung dieser Kurse damals nicht; das neuartige Essen schmeckte mir einfach und die Blumen fand ich sehr schön. Mama versuchte offensichtlich, nützliche und finanziell vielversprechende Fertigkeiten zu entwickeln, die sie bei ihrem erhofften neuen Leben in Amerika gebrauchen könnte. Aber so sollte es nicht kommen.

Im März 1939 marschierte die Wehrmacht in die Tschechoslowakei ein. Ich war gerade achteinhalb Jahre alt und verstand nicht, was vor sich ging. Meine Eltern saßen still und regungslos vor dem Radio, aus dem eine grelle, schreckliche Stimme etwas auf Deutsch brüllte. Nach einiger Zeit fiel mir auf, dass die Deutschen eigenartige neue Gesetze und Beschränkungen für uns erließen, die ebenfalls über das Radio verlautbart wurden. Eines Tages dann nahmen mich meine Eltern auf einen langen Ausflug aufs Land mit. Gelegentlich hielten wir an, mein Vater stieg aus und sprach mit verschiedenen Leuten. Dann kam er zurück ins Auto, schüttelte seinen Kopf und fuhr eine Weile mit uns weiter; dann hielten wir wieder an und das Ganze wiederholte sich. Ich fand das sehr aufregend, denn es gefiel mir sehr, auf dem Land umherzufahren. Wir kamen spät abends nach Hause, was ich ebenfalls ziemlich abenteuerlich fand. Doch schon damals spürte ich, dass meine Eltern voller Verzweiflung nach einem Ausweg aus unserer Situation suchten. Mir wird heute klar, dass mein Vater versuchte, einen Ort zu finden, an den wir hätten ziehen können, vielleicht um uns außerhalb von Prag und ganz gewiss außerhalb des Blickfeldes der Deutschen zu verstecken.

Mit Hitlers Einmarsch endete meine Kindheit, und damit für mich die wenigen hellen Jahre, in denen die Welt noch in Ordnung war. Alles wurde uns genommen. Zuerst erhielten wir einen Brief, der uns darüber informierte, dass wir unser Auto abgeben sollten. Dann mussten wir den deutschen Behörden unsere Fahrräder, das Radio, die Pelzmäntel, den Schmuck und sogar unsere Skier ins Hauptquartier der Gestapo, das sich im *Petschek*-Palast, einem wunderschönen, neoklassizistischen Gebäude, mitten in Prag befand, bringen. Schließlich erhielten wir die Weisung, dass Juden keine Haustiere mehr halten durften, sodass auch mein Kanarienvogel ›arisiert‹, das heißt: den deutschen Behörden übergeben werden musste. Wir öffneten einfach das Fenster und ließen ihn frei. Ich war furchtbar aufgebracht, aber Mama sagte mit bitterironischem Unterton, dass so wenigstens einer von uns wegfliegen könne. Ich jedoch weinte und konnte nicht begreifen, was mein kleiner Kanarienvogel den Deutschen getan hatte und warum die Gestapo ihn haben wollte.

Von einem Tag auf den anderen durfte ich nicht mehr zur Schule gehen. Ich sollte in die fünfte Klasse kommen, aber der Schulbesuch war jüdischen Kindern nunmehr verboten. Mit sechs anderen Kindern aus meiner Klasse lernte ich fortan zu Hause. Wir wurden von einer Lehrerin unterrichtet, die ebenfalls Jüdin und aus dem Schuldienst entlassen worden war. Dadurch konnten wir wenigstens ansatzweise weiterlernen, jeden Tag bei einem anderen Kind zu Hause. Eigentlich fanden wir Kinder das ziemlich schön: Denn zu Hause unterrichtet zu werden, war viel angenehmer als den ganzen Tag still auf der Schulbank zu sitzen, doch unsere Eltern müssen sich sehr große Sorgen über unsere Ausbildung gemacht haben.

Ich fragte mich, warum so viele der Kinder, die mit mir gespielt hatten, nicht mehr zu Besuch kamen. Den Grund verstand ich nicht. Warum war es so schlimm, dass ich Jüdin war? In dem Laden, in dem ich manchmal Eis kaufte, hing jetzt ein Schild, auf dem stand: »Zutritt für Juden und Hunde verboten.« Immer, wenn wir das Haus verließen, mussten wir den auf unsere Kleidung aufgenähten gelben Stern mit dem Wort *Jude* tragen. Seit dieser Zeit waren meine Eltern nicht mehr so fröhlich wie vorher.

Unterdessen verliefen die chemischen Experimente meines Vaters erfolgreich. Er produzierte seine neue synthetische Substanz und stellte einige Sachen aus dem neuen Material her, zum Beispiel eine schöne Puderdose für meine Mutter und ein Zigarettenetui, das er seinem besten Freund gab, der mit ihm in der Armee gedient hatte. Ich hätte mir damals in meinen schlimmsten Träumen nicht vorstellen können, wie wichtig diese Dinge in der Zukunft für mich sein würden. Mein Vater beantragte das Patent für seine Erfindung und erhielt die Genehmigung von einem Expertenkomitee des Prager Patentamtes. An jenem Tag kam er sehr glücklich nach Hause, aber seine Freude währte nicht lange. Die neuen Gesetze verboten es Juden, Patente in ihrem eigenen Namen zu beantragen, deswegen war mein Vater gezwungen, seine Erfinderrechte an einen tschechischen Kollegen namens Hořak zu übertragen, der kein Jude war. Dieser Mann erhielt sogar eine Auszeichnung für die Erfindung, die rechtmäßig meinem Vater zugestanden hätte. Ich kann mich nicht daran erinnern, dass Papa sich in dieser schwierigen Zeit jemals beklagt hätte. Es gab für ihn immer einen Lichtschimmer, der die Dunkelheit um uns herum aufzuhellen half. Wieder und wieder schaffte er es, uns davon zu überzeugen, dass die Situation nicht so schlecht war und dass wir es »noch ein wenig länger aushalten sollten, bis das Monster bezwungen« wäre. Mit »Monster« meinte er Hitler – und um uns Mut zu machen, fügte er hinzu: »Am Ende wird alles gut, ihr werdet es sehen!« Aber seine Hoffnung war vergebens. Wie zum Hohn erhielten wir irgendwann im Jahr 1941 das Affidavit der Libons, mit dem wir nach Amerika hätten ausreisen können. Doch zu der Zeit waren die Grenzen bereits geschlossen und wir konnten das Land nicht mehr verlassen.

Zwei Monate nach meinem elften Geburtstag, an einem Abend im Dezember 1941, hörten wir ein lautes Klopfen an unserer Tür. Zwei deutsche Polizisten in Uniform mit Hakenkreuzbinden am Arm teilten uns mit, dass wir nach Theresienstadt transportiert werden würden, einer Stadt nördlich von Prag, die die Nazis zu einem Ghetto umfunktioniert hatten. Theresienstadt war 1780 als Festung errichtet und nach Maria Theresia, der früheren österreichischen Kaiserin, benannt worden. Die Festung war von einem breiten und tiefen Graben und hohen Mauern umgeben und wurde nach dem Ende des Ersten Weltkrieges als Garnisonsstadt für ungefähr 35.000 Soldaten der tschechoslowakischen Armee und ebenso viele weitere Einwohner genutzt. 1941 hatten die Deutschen alle Tschechen, die dort gelebt hatten, abgezogen und die Stadt in ein großes Ghetto und Konzentrationslager für Juden umgewandelt – viele von ihnen wurden weiter in die Vernichtungslager transportiert. Im September 1942 waren fast 55.000 Juden in Theresienstadt untergebracht, insgesamt kamen bis 1945 33.000 um – vor allem durch Hunger und Krankheiten. Das Ghetto war von einer Mauer umgeben und niemand durfte hineinkommen oder ohne Erlaubnis aus dem Ghetto hinausgehen. Uns wurde befohlen, unsere Wohnung am nächsten Morgen zu verlassen. Jeder durfte nur einen kleinen Koffer mitnehmen. Ich packte meine Lieblingssachen zusammen und trug meine Puppe Hanna, einige Stifte und mein Tagebuch in einer kleinen Tasche. Das war alles, was ich mitnehmen konnte, als wir zum Prager Messegelände aufbrachen. Dort mussten wir uns für den Transport einfinden.

In der Nacht vor unserem Aufbruch schlief ich nicht in unserer Wohnung. Ich glaube, meine Eltern wollten mir wenigstens etwas von ihrer Traurigkeit und Entwürdigung ersparen, die sie beim Sortieren unserer Sachen vor der Abfahrt verspürten. Deswegen baten sie Frau Polak, die in der Wohnung über uns wohnte, mich bei sich für diese Nacht aufzunehmen. Die Polaks waren ein junges Paar und hatten ein Baby, Hanicka. Herr Polak war zwar Jude, doch da seine Frau Christin war, galt er zu dieser Zeit noch als geschützt. Im Nachthemd ging ich morgens in unsere Wohnung hinunter, um mich zu waschen und anzuziehen. Ungewöhnlich war, dass meine Kleidung schon auf dem Bett ausgelegt war – und zwar gleich zweimal. Ich dachte mir, dass Mutter wohl etwas zerstreut gewesen sei und deswegen die gleichen Sachen ein zweites Mal herausgelegt habe, aber sie erklärte mir, dass ich alles anziehen solle: zweimal Unterwäsche, zwei Paar Strümpfe, zwei Oberteile und so weiter. Es war Dezember und in Prag sehr kalt, aber unter zwei Garnituren Kleidung schwitzte ich doch sehr, und es war unangenehm, all dies zu tragen. Die eigenartigen und furchterregenden Ereignisse um mich herum wurden dadurch noch ein wenig schlimmer. Einige unserer Nachbarn kamen vorbei, sagten uns Lebewohl und wünschten uns alles Gute. Weder wir noch sie wussten, welche Schrecken vor uns lagen und dass sie meine Eltern nie wieder sehen würden.

Ich blickte noch einmal auf all das, was wir zurücklassen mussten: Betten, Bettdecken, Bilder, Töpfe, Pfannen und meine Spielsachen. Wer wird jetzt in meinem Bett schlafen? Wer wird sich in mein warmes Federbett kuscheln? Wen wird der Clown an der Wand jetzt anlächeln? Meine Spielecke, meine Bücher ... Ich kann mein Gefühl beim Aufbruch, als wir unser gesamtes Leben hinter uns ließen, nicht beschreiben.

So setzen wir unsere Hüte auf und zogen unsere Mäntel an, auf denen sichtbar der Gelbe Stern und das Wort *Jude* aufgenäht waren, nahmen unsere Koffer und verließen unser Zuhause. Unsere Schlüssel mussten wir in der Haustüre steckenlassen, damit die deutschen Machthaber die Wohnung betreten und unseren Besitz an sich nehmen konnten – damit sie sich an dem Ort niederlassen konnten, an dem wir gelebt hatten und zusammen glücklich gewesen waren. Ich erinnere mich, dass ich beim Weggehen den Schlüssel mit der kleinen Troddel am Schlüsselring in der Haustür sanft hin und her schwingen sah. Es kam mir so vor, als wenn unser Leben in diesem Moment zu Ende gegangen wäre, obwohl wir noch alle am Leben waren. Wir liefen die Straße zur Haltestelle der Straßenbahn hinunter, ohne ein Wort zu sagen. Jeder von uns war von finsteren Ängsten und Gedanken beherrscht. Die Menschen auf der Straße gingen eilig ihren täglichen Besorgungen nach und schauten uns nicht an, nahmen keine Notiz von uns. Es wirkte alles vollkommen normal und gewöhnlich, aber irgendwie war es jetzt anders. Mir kam es so vor, als ob wir uns hinter einer Scheibe oder einem Spiegel befanden. Wir konnten jeden auf der Straße sehen und hören, aber offensichtlich konnten sie uns nicht sehen oder hören, als wenn wir überhaupt nicht da wären, als wenn wir nur Gespenster wären. Und obwohl die Straße und die Menschen zur Wirklichkeit gehörten, kam es mir so vor, als wären sie Teil eines Traumes. Fast erwartete ich, dass die Gebäude und die Menschen plötzlich zu Feldern und Kühen würden, wie es manchmal in Träumen vorkommt. Aber das taten sie nicht: Dies war die Wirklichkeit – und für uns begann der Albtraum. Als wir die Straßenbahn bestiegen, war ich durch die Kleidung, die ich angezogen hatte, verschwitzt, ich war müde vom Tragen des Koffers und wäre gerne eingeschlafen. Damals dachte ich, dass ich schlafen wollte, weil mir so heiß war, doch jetzt vermute ich, dass es meine Reaktion auf die traumatischen Ereignisse war – gezwungen, mein Zuhause zu verlassen, mein Leben hinter mir zu lassen, wegzugehen, als »Jude« gebrandmarkt zu sein, nicht zu wissen, wohin es gehen und was geschehen würde. Ich schämte mich und war gleichzeitig wütend. Ein großer Schmerz und eine tiefe Bitterkeit ergriffen mich.

Als ich bei Kriegsende nach Prag zurückkehrte, konnte ich nicht nach Strašnice gehen, dem Stadtteil, in dem unsere Wohnung lag; ich war nicht mal in der Lage, unser Haus anzusehen, so groß war der Schmerz. Erst 1999, fast 60 Jahre später, machte ich mich mit meiner Enkelin Anat erneut nach Prag auf und nahm sie zu unserem Haus in Strašnice mit. Sie war ungefähr in dem Alter, in dem ich war, als ich das Haus verlassen musste. Durch ihre Anwesenheit war ich gezwungen, mich zu beherrschen, gefasst zu bleiben und nicht zu weinen, obwohl mir danach war. Ich war ihre Großmutter und eine solche Reaktion würde sie von mir nicht erwartet haben. Ich wollte Frau Polak besuchen, doch sie war nicht zu Hause. Mit meiner Tochter Daniela ging ich bei meinem nächsten Besuch erneut nach Strašnice. Auf unserem Weg zurück zur Metro sah ich plötzlich Frau Polak auf der anderen Straßenseite. Meine erster Impuls war, sofort zu ihr herüberzurennen, doch kam es mir unpassend und zu emotional vor, sie inmitten der belebten Straße zu bestürmen. Deswegen nahm ich mir fest vor, sie bei meinem nächsten Besuch aufzusuchen. Das tat ich auch. Es war Winter und ich machte mich früh auf den Weg, um sie auf jeden Fall anzutreffen. Ich klingelte, erhielt aber keine Antwort. Da sie zu der Zeit eine ältere Dame war, nahm ich an, dass sie vermutlich noch schlafen würde; deswegen wartete ich ein wenig und klingelte dann erneut. Die Tür auf der anderen Seite des Hausflurs öffnete sich und ein sehr schläfrig aussehender Mann trat hinaus und fragte mich, ob ich nach Frau Polak suche. »Sie sind zu spät«, sagte er. »Sie ist gestorben. Gestern war ihre Beerdigung.«

Als ich mit meinen Eltern nach der Fahrt mit der Straßenbahn schließlich am Sammelplatz ankam, befanden sich dort ungefähr 1.000 Menschen. Wir mussten dort mehrere Tage bleiben – ich weiß nicht mehr, wie lang genau. Ich erinnere mich aber an einen kleinen Jungen, der die ganze Zeit weinte und von seiner Mutter Kekse verlangte, die er zu Hause immer bekam. Ich begriff, dass wir heimatlose Menschen waren. Das »Zuhause« war nur noch eine schöne Erinnerung.

Bevor wir die Halle verließen und zum Bahnhof gingen, erhielt jeder von uns eine Nummer. Dies wurde von diesem Zeitpunkt an unsere dauerhafte Markierung. Mein Vater bekam die Nummer 641, meine Mutter die 642 und ich die 643.

Von diesem Tag an hatten wir keinen Namen mehr. Von diesem Tag an waren wir nur noch Nummern.

DAS GHETTO

Wir bestiegen den Zug. Niemand in dem Abteil sprach ein Wort, jeder war in seine eigenen Gedanken vertieft. In dieser vollkommenen und bedrückenden Stille schaute ich hinaus und sah schneebedeckte Bäume und kleine Häuschen am Fenster vorbeiziehen. Wie neidisch ich auf diese Bäume, die da an mir vorbeihuschten, war – und auf die Menschen, die sicher und gemütlich in den kleinen Wohnstuben lebten. Nach einigen Stunden fuhr der Zug in den Bahnhof von Bauschowitz ein – ein kleines Dorf, das drei Kilometer von Theresienstadt entfernt lag. Wir stiegen aus. Die deutschen Wachen befahlen uns, in Reihen auf dem Bahnsteig Aufstellung zu nehmen. Dann mussten wir mit den Koffern bepackt durch den Tiefschnee jene drei Kilometer zum Ghetto marschieren. Bewaffnete Schutzpolizisten, ältere Männer, die nicht fronttauglich waren, bewachten uns auf diesem Weg und liefen entlang beider Seiten jeder unserer aus fünf Personen bestehenden Reihen. Für alle, aber besonders für uns Kinder, war es sehr anstrengend. Als mein Vater sah, wie schwer ich vorankam, versuchte er, mir zu helfen. In diesem Moment erkannte ich zum ersten Mal, dass mein geliebter Vater, der immer lächelte und immer fröhlich war, dass dieser erfahrene und tüchtige Mann, der sich immer um unsere alltäglichen Probleme kümmerte und für mich alles regelte, ein Mensch wie jeder andere war. Es gab Dinge, die auch er nicht bewältigen, regeln oder lösen konnte, und diese Machtlosigkeit traf ihn bis ins Mark. Mir ging es wie wahrscheinlich allen anderen Kindern: Wir merkten, dass unsere Eltern nicht länger die starken Persönlichkeiten waren, die unsere Leben organisierten.

Ganz plötzlich waren wir erwachsen. Wir wussten nun, dass uns niemand mehr helfen konnte. Ab diesem Zeitpunkt mussten wir auf uns selbst aufpassen und durften die Lage für unsere Eltern nicht noch schwerer machen.

Eine Zeit lang liefen wir über die Straße. Das erste, was ich von Theresienstadt sah, waren keine normalen Häuser wie diejenigen, in denen wir gewohnt hatten, sondern eine Festung, ein Kastell. Es kam mir wie ein Albtraum vor.

Neben den großen Armeebaracken für die Soldaten gab es in Theresienstadt auch einige kleine Häuser für die Zivilbevölkerung, die für die Armee arbeitete. Als wir dort ankamen, hatten die Deutschen die Soldaten und die Zivilisten bereits hinausgeworfen. Es gab dort nur Gefangene, Juden wie wir, die aus Prag und der Umgebung deportiert worden waren.

Meine Eltern und ich wurden zu einem riesigen Gebäude mit drei Innenhöfen gebracht. In einem dieser Innenhöfe passierte etwas Schreckliches: Deutsche Soldaten in schwarzen Uniformen trennten Frauen und Kinder von den Männern. Auf einmal wurde mein Vater von uns weggeführt. Für mich fühlte sich das beinahe so an, als wenn er gestorben wäre, doch meine Mutter umarmte mich und beruhigte mich, dass wir Vater bald wiedersähen.

Alles dort war sehr eigenartig und verwirrend. Mutter und ich lebten mit vielen anderen Frauen und Kindern in einer der Armeebaracken, der sogenannten Dresdner Baracke. Wir waren zu zwölft in einem Raum, der ungefähr zehn Quadratmeter groß war. In anderen Räumen, die vorher vermutlich Schlafsäle für die Soldaten gewesen waren, wurden 30 Menschen untergebracht. Wir hatten nur eine strohgefüllte Matratze und den Koffer, den wir von zu Hause mitbringen durften. In unserem Raum gab es auch einen Jungen in meinem Alter, der dort mit seiner Mutter war. Er war das einzige andere Kind und hatte einige Murmeln mitgebracht, mit denen wir spielen konnten.

Drei Mal am Tag bekamen wir etwas zu essen. Die Mahlzeiten wurden in einer großen Küche zubereitet; wir mussten uns dort in einer langen Schlange anstellen, um etwas zu bekommen. Mit den Schalen in unseren Händen rückten wir langsam Zentimeter um Zentimeter vor, bis wir an der Essensausgabe angelangt waren. Morgens bekamen wir eine Tasse wässrigen Kaffeeersatzes und eine Scheibe Brot, mittags einen Teller Suppe und Kartoffeln in einer widerlichen Sauce und abends gab es wieder etwas Unidentifizierbares zu trinken. Ganz selten gab es ›Kuchen‹, den wir »Ziegelstein« nannten, weil er genau danach aussah und aus Mehl, Wasser und Hefe bestand. Der Kuchen hatte eine Art Vanilleüberzug aus Wasser, Margarine, Zucker und etwas Kakao. Um mehr von ihm herzustellen, fügten die Köche soviel Wasser hinzu, dass die Vanille manchmal sogar durchsichtig war. Trotzdem kämpften wir Kinder natürlich um jeden Tropfen zu trinken und jeden Bissen zu essen. Wir konnten uns an das schlechte Essen kaum gewöhnen, denn es unterschied sich sehr von dem, was wir zu Hause bekommen hatten. Oft verspürten wir ein quälendes Verlangen nach ›richtigem‹ Essen. Die wenigen Vorräte, die wir mitgebracht hatten, waren bald aufgebraucht, sodass wir mit dem, was uns dort vorgesetzt wurde, auskommen mussten – egal, wie armselig das war. Noch schlimmer als das schreckliche Essen war jedoch der komplette Verlust der Intimsphäre. Egal, wo man war und was man tat, ob tagsüber oder nachts, es waren immer andere Menschen zugegen. Man war niemals allein, nicht mal auf der Toilette. Ich glaube, für meine Eltern war das noch viel schlimmer. Als Kind gewöhnte ich mich daran, schlief bald tief und fest trotz all der Geräusche von Menschen, die schnarchten, husteten, stöhnten und andere, intimere Laute von sich gaben. Aber wenn ich mir heute als Mutter vorstelle, was meine Mutter durchgemacht haben musste, als sie versuchte, mich zu beschützen und mir das Leben so normal wie möglich zu gestalten, fühle ich mich körperlich unwohl.

Um vor sich selbst wenigstens den Anschein von Privatsphäre aufrechtzuerhalten, hängten einige Gefangene Kleidungsstücke oder Bettwäsche auf eine Schnur und verdeckten so ihre Ecke des Raumes. Viel später gelang es einigen von den Jüngeren, aus Holzbohlen provisorische Raumteiler zu bauen. Doch die älteren und weniger talentierten Menschen mussten mit dem auskommen, was sie hatten. Die fehlende Privatsphäre war jedoch weniger mein Problem als der Gestank, der sich über das ganze Gelände legte. Es gab für die vielen Menschen nur sehr wenige Toiletten, die ständig in Benutzung und zudem sehr antiquiert waren, da sie bereits den Soldaten der ehemaligen Kaserne zur Verrichtung ihrer Notdurft gedient hatten. Zusammen mit dem Geruch von verfaulten Kartoffeln, abgestandenem Schweiß, Krankheit und Verwesung traf mich dieser unerträgliche Gestank schon kurz nach meiner Ankunft. Bei meiner späteren Arbeit im Gemüsegarten war ich von relativ frischer Luft umgeben, aber dieser Gestank war sofort wieder da, wenn ich zu den Baracken zurückkehrte. Es war eine traurige und harte Zeit, doch wir stellten fest, dass man sich an alles gewöhnen kann. In der Zeit, als meine Mutter und ich in der Dresdner Baracke waren, bekam meine Tante, die dort mit uns lebte, schweres Asthma. Sie war im Krankenhaus des Ghettos und brauchte Felsol – ein besonderes Medikament, das sie vor ihrem Transport nach Theresienstadt regelmäßig eingenommen hatte. Abends, als es kalt und dunkel war, versuchte meine Mutter vergeblich, das Fenster unserer Baracke zu öffnen; schließlich schlug sie die Fensterscheibe ein. Plötzlich wurde ein kleines Paket durch das Fenster in den Raum geschmissen. Darin war ein wenig Felsol. Mutter trug mir auf, es sofort zur Tante zu bringen, doch ich wollte nicht gehen. Es war dunkel und ich hatte Angst, denn meine Tante lag im dritten Stock des Krankenhausblocks am Ende eines langen Korridors. Doch meine Mutter bestand darauf, damit Tante Hela etwas von dem Medikament nehmen könne und einen besseren Schlaf habe. »Geh jetzt!«, ordnete sie. »Niemand wird ein umherlaufendes Kind bemerken. Dir wird nichts passieren. Denk immer daran: ›Kdo rychle dava dvakrat dava!‹ [Wer schnell gibt, gibt doppelt!]« Also ging ich los, und letztlich half das Felsol meiner Tante sehr. Ich erinnere mich immer noch an diesen Vorfall, weil ich seitdem stets versucht habe, den klugen Worten meiner Mutter zu folgen.

Eines Tages tauchte plötzlich mein Vater auf. Der deutsche Kommandant hatte den Männern erlaubt, ihre Familien zu besuchen. Nur dadurch erfuhren wir, dass Vater noch am Leben und ebenfalls im Ghetto, nur in einem anderen Gebäude, untergebracht war. Ihn in unserer Nähe zu wissen, gab uns ein wundervolles Gefühl. Er war für die Verteilung der Lebensmittel zuständig. Wir hofften inständig, dass er aufgrund seiner neuen Aufgabe einige Vergünstigungen erhielt und vor allem dass wir wieder zusammen sein konnten. Es war kaum zu glauben, dass sich dies tatsächlich bewahrheiten sollte. Wir wussten nicht genau warum, aber eines Tages erlaubte der Kommandant des Ghettos Vater, Mutter und mir, gemeinsam in ein kleines Dachgeschosszimmer zu ziehen. Aus Holzlatten bauten wir Möbel und konnten sogar Betten und einen kleinen Ofen ergattern. Mutter konnte auf dem Ofen Kleinigkeiten kochen und im Winter war es warm. Einmal gelang es Mutter, ein paar Brennnesseln zu sammeln und sie für uns zuzubereiten – ein fantastisches Essen! Viele Jahre nach dem Krieg habe ich selbst Brennesseln gekocht: Sie schmeckten fürchterlich. Erst viel später habe ich feststellen müssen, dass jene drei Jahre, die wir in diesem Zimmer verbracht haben, im Vergleich zu dem, was noch auf uns wartete, glückliche Jahre gewesen waren.

Das Ghetto und die Baracken wurden von tschechischen, nichtjüdischen Polizisten bewacht, obwohl es natürlich auch deutsche Wachmannschaften gab. Im Allgemeinen waren die Polizisten freundlich und behandelten uns gut und wir hatten glücklicherweise nur wenig mit den deutschen Soldaten zu tun. Mit mindestens einem der Polizisten hatte Vater eine Vereinbarung getroffen; so bekamen wir gegen Bezahlung gelegentlich die dringend benötigten Medikamente.

Wie wir zuvor trafen weitere Menschen in Theresienstadt ein. Sogar mein Großvater väterlicherseits wurde 1942 nach Theresienstadt deportiert; die Großmutter blieb in Freiheit und starb mit 86 Jahren friedlich im Schlaf. Die grauenvolle Reise aus Freiheit und Frieden in das Gefängnis des Ghettos, die Großvater und wir antreten mussten, blieb ihr erspart. Es war fast erleichternd, dass unser fröhlicher Großvater in diesem Irrenhaus namens Theresienstadt seinen Verstand verlor und schon kurz nach seiner Ankunft starb.

Die meisten Gefangenen, Kinder wie Erwachsene, gewöhnten sich langsam an das Leben im Ghetto. Jeder lernte auf seine Art, damit zurechtzukommen. Auch wir Kinder mussten Zwangsarbeit verrichten. Doch natürlich wollten wir nach der Arbeit, wie alle Kinder auf der ganzen Welt, spielen. Und das taten wir – allerdings nicht so, wie die Kinder draußen oder wie wir selbst zuvor gespielt hatten. Egal, was wir spielten, wir waren hundertprozentig und voller Enthusiasmus bei der Sache, denn nur so konnten wir vergessen, wo wir waren und warum man uns an diesen Ort gebracht hatte. Wir konnten uns nicht wie früher oder wie es die Kinder in der wirklichen Welt draußen taten, mit Anderen anfreunden. Beständig wurden Menschen, auch Kinder, mit Transporten »nach Osten« geschickt. Wir wussten nicht, was das bedeutete oder wo genau sie hinkamen, und wir fragten nicht nach. Denn ganz allgemein galt in Theresienstadt: Man fragte nicht. Nur eines wusste ich: Die Kinder, die ich heute gesehen hatte, konnten bereits morgen nicht mehr da sein und die neuen Insassen, die heute angekommen waren, konnten nächste Woche schon deportiert werden. Das Leben musste für den Moment gelebt werden, und ich lernte sehr schnell, nicht zu viel nachzudenken, obwohl ich mich weiterhin an die Vergangenheit und die glücklichen Tage eines normalen Lebens erinnerte.

Zu den vielen eigenartigen Ereignissen im Ghetto gehörte auch die Ankunft einer Schafherde. 1942 fiel der stellvertretende Reichsprotektor von Böhmen und Mähren, Reinhard Heydrich, der gleichzeitig Leiter des Reichssicherheitshauptamtes in Berlin und einer der maßgeblichen Organisatoren der ›Endlösung‹ war, einem Attentat zum Opfer. Als Vergeltung ermordeten deutsche Nationalsozialisten die männlichen Bewohner des Dorfes Liditz und verbrachten die Frauen in Konzentrationslager. Die Kinder wurden nach ›rassischen‹ Kriterien getrennt; einige sollten von Deutschen adoptiert werden, die anderen kamen in das Vernichtungslager Kulmhof. Das Dorf wurde vollkommen zerstört, doch die Schafe wurden verschont und nach Theresienstadt gebracht.

Zusammen mit uns waren im Ghetto auch Jüdinnen und Juden eingepfercht, die vor ihrer Deportation Schauspieler, Komponisten, Sänger, Schriftsteller und Philosophen gewesen waren. Sogar über die Grenzen der Tschechoslowakei hinaus waren viele davon berühmt, doch nach ihrer Deportation nach Theresienstadt, fanden auch sie sich auf einmal in den engen Grenzen des Ghettos wieder. Sie waren Gefangene wie wir alle und statt ihrer bekannten Namen hatten auch sie jetzt nur Nummern. Doch ihr Geist ließ sich nicht brechen. Ihre Körper waren in Gefangenschaft, aber ihr Verstand und ihr Können waren frei. Trotz der schweren Ghettoarbeit, der furchtbaren Zustände und des Verlusts aller Annehmlichkeiten blieben sie kreativ. Sie malten, schrieben, sangen, komponierten, produzierten und spielten Theaterstücke. Das war eines der ›Wunder‹ von Theresienstadt. Jenseits der grauenvollen körperlichen Zustände behielt jeder Insasse seine Moral. Trotz Hunger und Entbehrungen hielten sich die Leute aufrecht, schauten sich gegenseitig an und verwahrten sich aus Respekt vor sich selbst gegen die

Zerstörung. Sie behielten ihre Würde und behandelten sich mit dem gleichen Respekt und der gleichen Höflichkeit wie in ihren normalen Leben zuvor. Dass die Deutschen uns wie Tiere behandelten, bedeutete nicht, dass wir uns wie Tiere verhielten. Ganz im Gegenteil: Manche gaben sich sogar noch besser als sonst. Meine Mutter zum Beispiel wurde zu einer Gruppe von Frauen, die für die Sauberkeit im Ghetto zuständig war, abkommandiert, der sogenannten Putzkolonne. Trotz dieser niederen Tätigkeit betrachteten sich die Frauen weiterhin als Damen und sprachen sich weiterhin mit »Frau Soundso« an.

Einige Zeit war ein Junge bei uns in Theresienstadt, mit dem ich mich anfreundete. Peter Podvineč war groß und schlank und hatte blondes Haar. Wir gingen eines Abends im Ghetto umher und kamen an der Baracke vorbei, in der die Menschen lebten, die verrückt geworden waren. Peter bestand darauf, zwischen mir und der Baracke zu gehen, sodass ich leichter in eine andere Richtung schauen konnte. Er war äußerst nett und einfühlsam. An jenem Abend, als wir in der Nähe des Eingangs zu unserer Baracke standen, uns eine gute Nacht wünschten und darauf hofften, uns wiederzusehen (»für den Fall, dass wir dann beide noch da sind«), kam meine Mutter aus der Tür. Sie sagte zunächst nichts, doch später schimpfte sie mit mir: »So verhält man sich nicht – vor der Tür zu stehen und seinem Freund gute Nacht zu sagen!« Eines Tages war Peter nicht mehr da. Man hatte ihn mit einem Transport weggebracht. Ich habe ihn niemals wiedergesehen. Er kam nicht nach Hause zurück.

In dem großen Zimmer nebenan lebte eine wunderbare Opernsängerin mit ihrer schon sehr alten Mutter. Natürlich musste die Mutter des Nachts zur Toilette, doch der Toilettenbereich befand sich am Ende des langen Gebäudes treppabwärts und es gab kein Licht. Das stellte die Mutter vor Probleme, weil sie nicht ohne Hilfe zur Toilette gehen konnte und jeden aufwecken würde. Auch wenn es peinlich war, behalf sie sich deswegen mit einem Töpfchen. Die Tochter musste das Töpfchen jeden Morgen in den Toiletten ausleeren: Sie trug es stolz durch die Reihen, als wäre es ein prachtvoller Blumenstrauß, und sang dabei wunderschöne Arien aus einer Mozartoper.

Einer der Künstler stellte eine Gruppe von ungefähr hundert Kindern zusammen und brachte ihnen das Schauspielen bei. Aus dieser Gruppe wurde ein richtiges Theaterensemble, das Kindertheater von

Theresienstadt. Eines dieser Kinder war ich, und diese Theaterstunden halfen uns, das Leben im Ghetto zu überstehen. Eines der Musikstücke, das wir nach der Arbeit einübten, war eine Oper mit dem Titel *Brundibár*. Es geht darin um ein Geschwisterpaar, Pepíček und Aninka, deren Mutter sehr krank ist. Um sie wieder auf die Beine zu bringen und damit sie sich besser fühlt, wollen sie ihr etwas Milch beschaffen. Zunächst fragen sie den Milchmann am Marktplatz. Doch da sie kein Geld haben und die Milch nicht bezahlen können, bekommen sie von ihm nichts. Dann taucht auf dem Marktplatz ein Leierkastenmann, Brundibár, auf. Er spielt einige Lieder auf seiner Drehorgel und erhält von den Vorbeilaufenden dafür Münzen. In der Hoffnung, auch etwas Geld zu bekommen, beschließen Aninka und Pepíček, auf dem Marktplatz zu singen. Mit ein wenig Geld könnten sie Milch für ihre Mutter kaufen. Doch ihre dünnen Stimmchen können es nicht mit der Brundibárs Orgel aufnehmen, der zudem nicht möchte, dass die Kinder ihm Konkurrenz um die Geldstücke der Passanten machen, und sie schließlich fortjagt. Müde und unglücklich beschließen Aninka und Pepíček nach Hause zu gehen, ruhen sich aber erstmal auf einer Bank aus und beratschlagen darüber, wie sie es schaffen können, mit dem bösen Brundibár fertig zu werden.

Unsere Situation im Ghetto von Theresienstadt war genau so: Wir Gefangene sahen keine Möglichkeit, unseren »Brundibár«, die deutschen Besatzer, zu bezwingen.

Da das Stück ein Märchen ist, bitten die Kinder die Tiere, ihnen zu helfen. Ein Hund, eine Katze und ein Spatz melden sich und rufen alle Schulkinder herbei, die zusammen einen großen Chor bilden. Dieser Chor singt auf dem Marktplatz ein Wiegenlied über eine Mutter und ihr Baby. Die Stimmen von allen Kindern zusammen sind lauter als die Orgelmusik, und die Menschen auf dem Marktplatz freuen sich so sehr über das Lied, dass sie den Sängern sehr viel Geld geben. Unterdessen hat sich Brundibár herangeschlichen und die Mütze mit dem Geld der Kinder gestohlen. Er versucht, damit zu entkommen, doch Aninka, Pepíček und die anderen Kinder jagen ihm nach, um ihm die Beute wieder abzuluchsen. Die Geschwister bekommen ihr Geld am Ende zurück und der Chor singt ein Lied, das den triumphalen Sieg des Guten über das Böse feiert. Wie das im Märchen so ist ...

Das Stück war im Ghetto ungeheuer erfolgreich und wurde mehr als fünfzig Mal aufgeführt. Von allen Jungen und Mädchen, die mit mir an dieser Oper beteiligt waren, haben nur vier überlebt – die anderen wurden in Auschwitz ermordet. Zig Male habe ich seitdem an großen Opernhäusern und in berühmten Theatern Aufführungen des *Bundibár* gesehen, aber keine Darbietung wird mich jemals so sehr berühren, wie diejenige, die wir als Kinder in Theresienstadt aufgeführt haben.

RATTEN UND KARTOFFELN

Sehr langsam gewöhnten sich die Kinder und die Erwachsenen an das Leben in Theresienstadt. Wir Kinder wurden jeden Tag von den Wachen außerhalb der Mauern mal hierhin und mal dorthin geführt und mussten auf den Feldern arbeiten. Auch gruben wir den trockenen und staubigen Boden um, der früher einmal den Graben um die alte Stadtmauer gebildet hatte, legten Obst- und Gemüsegärten an. Natürlich kam der Ertrag dieser Gärten nicht uns, sondern den Deutschen zugute.

An jedem Morgen mussten wir uns an einem bestimmten Platz einfinden, wurden zu Gruppen zusammengestellt und mussten singend durch das Ghettotor marschieren. Jeder Gruppe stand einer der älteren Jungen und Mädchen vor, die für die jeweiligen Mitglieder verantwortlich waren. Der Ghettokommandant hatte diese Gruppenleiter dazu auserkoren, die Kinder beim Verlassen des Ghettos zur Feldarbeit zu beaufsichtigen. Wir hatten einmal einen besonders gut aussehenden und freundlichen Gruppenleiter, der Peter hieß. Zu der Zeit konnte ich nicht wissen, welch bedeutende Rolle Peter später in meinem Leben spielen würde. Durch die tägliche, abstumpfende Arbeit und den furchtbaren Hunger waren unsere einzigen Gedanken und unsere gesamte Aufmerksamkeit auf das Überleben des jeweiligen Tages gerichtet. Wir dachten nicht so sehr an irgendeine entfernte Zukunft, sondern hofften lediglich, dass es uns von Tag zu Tag besser erginge. An jenem Tag liefen wir auf unserem Weg zu den vorgegebenen Arbeitsplätzen an einem Baum voller reifer Kirschen vorbei. Da wir im Ghetto niemals Obst oder Gemüse bekamen, waren Kirschen etwas, wovon wir eigentlich nur noch träumen konnten. Weil keine Wachen in der Nähe waren, erlaubte Peter uns, so viel von den Kirschen zu essen, wie wir wollten. Wir konnten allerdings keine Kirschen ins Ghetto schmuggeln, da die Deutschen oftmals Leute beim Betreten durchsuchten, um zu verhindern, dass Essen hineingebracht wurde. Jeder beim Schmuggeln Erwischte wurde ausgepeitscht, in Einzelhaft verbracht oder durch noch schlimmere Strafen sehr schwer misshandelt. Oft starben die Menschen durch diese Bestrafungen. Unsere Familien, besonders diejenigen, die das Ghetto zur Arbeit nicht so wie wir verlassen durften, konnten nicht an zusätzliche Essensrationen von der Außenwelt gelangen; ihre normale Zuteilung war sehr gering. Erst später entwickelten wir raffinierte Wege, um ein wenig Gemüse für unsere Familien ins Ghetto zu schmuggeln. An jenem Tag jedoch hatten wir Angst und brachten keine Kirschen mit nach Hause, obwohl wir selbst viele aßen.

Doch Peter konnte schon bei dieser Gelegenheit der Versuchung nicht widerstehen. Seine Mutter mochte Kirschen mehr als alles andere, also pflückte er eine Handvoll, wickelte sie in ein großes Tuch, das er sich um den Bauch band und versteckte das Ganze schließlich unter seinem Mantel. Auf dem Weg zurück zum Ghetto bemerkten wir plötzlich einen roten, sich langsam ausbreitenden Fleck auf Peters Rücken. Wir dachten zunächst, es sei Blut und machten uns Sorgen um ihn, doch dann stellten wir fest, dass es der Saft von den Kirschen war, der seine Jacke durchnässt hatte. Das hätte ihn verraten und war deswegen äußerst gefährlich, doch es war zu spät, sich der Kirschen zu entledigen, denn wir waren dem Tor bereits sehr nah. Als wir schließlich durch das Tor gingen, drehte er sich mit dem Rücken zu uns und verbarg den Fleck geschützt durch uns vor den Wachen. Einmal an den Wachen vorbei, drehte er sich um, schaute uns an und tat so, als ob er kontrollieren würde, ob wir alle sicher zurück ins Ghetto gekommen waren. Wir waren wahnsinnig stolz, dass wir die Deutschen zumindest dieses eine Mal hereingelegt hatten. Und Peters Mutter genoss ihre Kirschen.

In der Nähe von Theresienstadt gab es große Spinatfelder. Die Sprösslinge ragten im Winter in langen Reihen aus dem Schnee heraus. Wir sollten den Spinat pflücken – natürlich nur für die Deutschen –, zuschneiden und in Kisten packen. Kaum einer von uns hatte vor dem Krieg Spinat gemocht, doch jetzt wollte jeder etwas davon mit ins Ghetto nehmen. Unser Hunger war stärker als die kindliche Abneigung gegen dieses sehr nahrhafte, zugegebenermaßen nicht besonders gut ausschauende Gemüse. Es war bitterkalt und wir trugen eine Art Trainingsanzug mit weiten Arbeitshosen und breiten Schulterriemen. Den Spinat versteckten wir in unseren Hosen. Das war äußerst unbequem und unsere Körpertemperatur bewirkte, dass die gefrorenen Triebe schmolzen und Wasser an unseren Beinen herabtropfte. Doch die Hauptsache war, dass wir den Spinat unbemerkt ins Ghetto bringen und die Hungerrationen unserer Familien zumindest ein wenig aufbessern konnten.

Bei mir war es sogar so, dass ich Spinat schon immer gern gegessen hatte, in dieser Situation – gestohlen zu einer Zeit, als wir furchtbaren Hunger litten, – bedeutete er mir noch viel mehr. In Israel fragte viele Jahre später eine Erzieherin meines Sohnes im Kindergarten die Klasse, was das wichtigste Nahrungsmittel sei und erwartete offensichtlich, dass die Kinder Brot, Kartoffeln oder Reis – die Grundnahrungsmittel hierzulande – nennen würden. Es überraschte sie sehr, als der vierjährige Alon meinte, dass Spinat das wichtigste Essen sei, zumindest im Hause seiner Mutter.

Während wir auf den Feldern arbeiteten, blieben wir dicht beieinander. Die älteren Kinder hatten vor dem Krieg noch die höhere Schule besucht und brachten uns einiges Wissenswerte bei. So hörte ich inmitten der Kohl- und Kartoffelfelder erstmals von der Französischen Revolution und den Dramen William Shakespeares. Auf diese Weise erfuhr ich wenigstens ein bisschen von dem, was den Kindern, die nicht verfolgt waren, in ihren Schulen beigebracht wurde. Als ich nach dem Krieg zum ersten Mal eine Aufführung des *Hamlet* besuchte, fühlte ich mich unwillkürlich nach Theresienstadt zurückversetzt.

Die Deutschen hatten die Abwicklung des täglichen Lebens im Ghetto einem Judenrat übertragen, behielten über diesen jedoch die Kontrolle. Diese jüdische Verwaltung organisierte für uns Kinder eine Art Schulunterricht, obwohl das verboten war. Wir trafen uns am Abend in der Dachkammer einer Baracke mit einem Lehrer. Es gab keine Tafel und keine Schulbücher, doch wir schenkten dem, was uns beigebracht wurde, unsere besondere Aufmerksamkeit. Es gab immer jemanden, der draußen aufpasste, für den Fall, dass ein deutscher Wachmann vorbeikam und bemerkte, was vor sich ging. Uns sollte dann ein Zeichen gegeben werden und wir würden sofort anfangen zu singen. Singen war erlaubt und tatsächlich mochten die Deutschen, wenn wir sangen. Ich glaube, sie dachten, dass dies ein Zeichen unserer Zufriedenheit wäre.

Ich war in Theresienstadt mit einem Jungen und einem Mädchen, die nicht weit von uns entfernt in der gleichen Baracke wie ich und meine Eltern wohnten, eng befreundet. Wir hatten alle ein Buch über drei tapfere und abenteuerlustige Kinder gelesen, die zu unseren Vorbildern wurden: Wir würden auch wagemutig und risikofreudig sein. In der Nähe unseres Zimmers gab es eine lange Treppe, die in einen Keller hinabführte, den wir nicht betreten durften. Natürlich wollten wir wissen, was dort unten verborgen war. Deswegen beschlossen wir eines Tages, uns an der Treppe zu treffen und die Geheimnisse des Kellers zu erkunden. Unser Abenteuer hatte begonnen. Ich ging als letzte die Treppe hinunter. Mit jedem Schritt wurde es dunkler und dunkler. Mein Herz pochte und ich hatte große Angst, doch ich wollte so tapfer wie die Helden in dem Buch sein, so wie es auch meine zwei Freunde zuvor gewesen waren. Deswegen biss ich die Zähne zusammen und ging weiter. Nach 20 oder 30 Stufen huschte plötzlich ein dunkler Schatten über den Boden und ein eigenartiges Geräusch war zu hören. Ich vergaß ganz schnell, eine Heldin sein zu wollen, und rannte so schnell ich konnte die Treppe hinauf. Meinen Freunden war es ebenso ergangen, obwohl sie mich nicht vorgewarnt hatten. Jeder von uns war allein hinuntergegangen, hatte den eigenartigen, sich schnell vorwärts bewegenden Schatten gesehen und das komische Geräusch gehört. Auch meine Freunde waren hochgerannt, ohne nachzuschauen, was dort unten war. Wir beschlossen, es noch einmal zu wagen und der Gefahr gemeinsam entgegenzutreten. Wenn wir schon nicht jeder für uns Helden sein konnten, gelang es uns vielleicht gemeinsam. Also nahmen wir uns an die Hand und gingen auf Zehenspitzen hinunter. Wir konnten bald das eigenartig kratzende und raschelnde Geräusch besser hören und blieben stehen, horchten aufmerksam und sahen die Schatten umherflackern. Große Angst überkam uns. Wir erwarteten, dass die Schatten uns anspringen und angreifen würden. Es hieß nun: Jetzt oder nie! Wir fassten uns ein Herz, krochen langsam weiter die Treppe hinunter und wagten kaum zu atmen. Am Fuß der Treppe erwartete uns eine wundersame Überraschung. Der mit einem Eisengitter abgeschlossene Keller hatte kleine vergitterte und ziemlich schmutzige Fenster, durch die ein wenig Licht auf eine Unmenge Kartoffeln fiel. Die Schatten kamen von Ratten, die dort überall umherliefen und dabei diese eigenartig quietschenden Geräusche machten. Vor Erleichterung lachten wir laut auf und stiegen die Stufen wieder hoch. Wir fühlten uns tatsächlich genauso tapfer wie die Helden unserer Bücher, gingen danach manches Mal nach unten und schafften es, durch die Gitterstäbe an ein oder zwei Kartoffeln zu gelangen. Das half, unsere erbärmlichen Rationen ein wenig aufzubessern.

In unserer Baracke lebte auch der berühmte tschechische Augenarzt Professor Stein zusammen mit seiner Tochter Ruth. Sie überlebte die Lager und ist heute immer noch eine Freundin. Professor Stein war so bekannt, dass ein deutscher Wachmann darauf bestand, eine schwere Augeninfektion von ihm behandeln zu lassen. Während der Operation war ein zweiter Deutscher zugegen und hielt Professor Stein eine Pistole an den Kopf.

Eines Tages hörten wir das Gerücht, dass eine Delegation des Internationalen Roten Kreuzes unter Leitung des Schweizers Maurice Rossel das Ghetto besuchen und über die Zustände Bericht erstatten sollte. Die Deutschen gaben Befehle heraus und ordneten an, dass das Ghetto verschönert werden müsse, damit die Inspekteure, einen »richtigen« – das heißt: einen falschen – Eindruck bekämen. Rasch ließ der Ghettokommandant die Fassaden der Häuser streichen und die Straßen säubern. Um die Besucher zu beeindrucken, wurden für diese Zeit Einkaufsläden eingerichtet. Diese ›Läden‹ bestanden jedoch nur aus Schaufenstern, in denen Luxusgüter, von denen man im normalen Ghettoalltag nur träumen konnte, wie Senf, Gewürze, Nähgarn, Kämme, Haarnadeln und so weiter angeboten wurden. Auf diese Art und Weise wollten die Deutschen den Eindruck eines gesitteten Ghettolebens vermitteln. Den Kindern wurde befohlen, ihre beste Kleidung anzuziehen und an Straßenecken in kleinen Gruppen zusammenzustehen. Jedes Kind bekam eine Scheibe Brot, etwas Butter und Sardinen und sollte dies bedächtig essen. Als die Gäste und der Ghettokommandant Rahm vorbeiliefen, mussten die Kinder vorkommen und mit weinerlicher Stimme fragen: »Onkel Rahm, schon wieder Sardinen?« Natürlich war das alles inszeniert, um die Besucher glauben zu machen, dass wir der Sardinen schon überdrüssig seien. Für uns waren sie ein besonderer Leckerbissen. Rossel ließ sich tatsächlich von den Nazis und dieser Farce täuschen.

Er verfasste seinen Bericht und stellte darin fest, dass die Bedingungen im Ghetto nicht besonders schlecht wären. Die Nazis waren hocherfreut, dass ihre Täuschung funktioniert hatte, und veröffentlichten den Bericht weltweit, um die Gerüchte über die Schrecken der Ghettos und der Konzentrationslager zu zerstreuen. Viele Menschen in den Vereinigten Staaten glaubten danach, dass das Leben in den Konzentrationslagern gut auszuhalten sei, und kümmerten sich nicht mehr um uns. Wenn ich heute in unserer Familie zu häufig das gleiche Essen zubereite, ruft immer jemand im Scherz: »Onkel Rahm, schon wieder Sardinen?«

Die Zeit verging. Wir marschierten, arbeiteten, redeten, träumten und litten. Die Jahreszeiten wechselten sich ab. Im Sommer glaubten wir, dass der Krieg im Winter enden, und im Winter hofften wir, dass der Sommer Frieden bringen würde. An jedem Abend schrieb ich in mein Tagebuch und hielt fest, was geschah. Dann stellte ich mir Dinge vor. In meiner Fantasie war ich wieder zu Hause in Prag, saß mit einer großen, mit Mutters Marmelade bestrichenen Scheibe Brot auf meinem Bett und las meine *Erinnerungen aus Theresienstadt* in meinem Tagebuch. Ich schrieb dort nieder, dass die Erwachsenen, aber auch wir Kinder, häufig über Gott sprachen. »Gibt es einen Gott? Sieht Er, was uns angetan wird? Warum hilft Er uns nicht?« Einige meinten, Gott wolle uns prüfen, während andere sagten, dass Gott blind geworden sei. Wieder andere dachten, dass die Lage noch wesentlich schlimmer werden müsse, bevor Gott käme, um uns zu retten. Und die Lage wurde schlimmer.

RICHTUNG AUSCHWITZ

1944. Ein Güterzug nach dem anderen mit insgesamt Tausenden von Menschen erreichte das Ghetto Theresienstadt. Die meisten Deportierten befanden sich in einem furchtbaren Zustand. Nach kurzer Zeit wurden sie weiter verfrachtet – an einen unbekannten Ort. Viele der ›Alteingesessenen‹, die schon seit langem mit uns im Lager waren, wurden nun ebenfalls abtransportiert. Keiner wusste, wo sie hingebracht wurden und was ihnen bevorstand, doch wir befürchteten das Schlimmste und lebten in ständiger Angst. Kurz nachdem ich im Oktober 14 Jahre alt geworden war, wurde mein Vater einem dieser Transporte zugeteilt. Der Kommandant teilte uns mit, dass die Männer ein neues Lager errichten und Frauen und Kinder ihnen nachgeschickt würden. Was blieb uns anderes übrig, als ihm zu glauben. An einem Spätherbsttag begleiteten wir Vater zum Bahnhof. Wir winkten zum Abschied, als der Zug ins Unbekannte abfuhr. Ich habe meinen Vater nie mehr wiedergesehen.

Einige Wochen später ›erlaubten‹ die Deutschen uns, den Männern freiwillig zu folgen. Wie viele andere Frauen mit ihren Kindern meldete meine Mutter uns sofort zu der Reise an. Wir wurden aufgenommen und hofften nun, meinen Vater wiederzusehen. An dem festgelegten Datum gingen wir also ebenfalls zum Bahnhof und bestiegen den Zug. Anders als bei vielen anderen Transporten handelte es sich nicht um Viehwaggons, sondern um einen normalen Personenzug. Unsere Sitze waren direkt am Fenster, darüber befand sich eine Werbung für *Pilsner Urquell*. Ich wollte mir diese Bierwerbung genauer ansehen und entdeckte dabei, dass jemand etwas auf Deutsch darunter geschrieben hatte: »Wir fahren nach Auschwitz.« Wir wussten zwar nicht, was das bedeutete, doch meine Mutter sagte zu mir, dass ich niemandem davon erzählen solle.

Wir waren drei Tage ohne Unterbrechung unterwegs. Aussteigen durften wir nicht ein einziges Mal. Die Nächte verbrachten wir auf Abstellgleisen und warteten, dass der Zug am Morgen seine Fahrt wieder aufnahm. Über die Fenster waren Holzbretter genagelt worden – wahrscheinlich, damit wir nicht hinaus kletterten und flüchteten –, doch durch die Lücken dazwischen konnten wir leicht nach draußen schauen. Meine Mutter und ich starrten gemeinsam die Sterne an. Sie nannte mir ihre Namen und zeigte mir das Sternbild des Großen Bären. Dies waren Momente relativer Ruhe – die letzten solcher Momente, bevor wir in Auschwitz-Birkenau ankamen. Nach einer Strecke von weit über 500 Kilometern betraten wir die Hölle.

Sobald der Zug im Eingangsbereich des Lagers angehalten hatte, wurden die Türen geöffnet und wir hörten einen furchtbaren Lärm von brüllenden und fluchenden Menschen und bellenden Hunden. Die Soldaten schrien: »Raus! Raus! Schneller, steigt aus! Lasst Eure Sachen im Zug! Steigt aus! Bewegt Euch! Schneller!« Ich hatte in meinen kleinen Koffer mein Tagebuch und ein kleines Stück Schokolade gepackt, dass mir ein freundlicher tschechischer Polizist aus dem Ghetto, der uns ab und an etwas zusteckte, gegeben hatte. Dieses Stück Schokolade hatte ich für meinen Vater aufbewahrt und versuchte es nun, aus dem Koffer zu holen, doch ich hatte keine Zeit mehr. Zusammen mit dem Koffer musste ich auch mein Tagebuch und die Schokolade im Zug zurücklassen.

Der Krach und das Durcheinander waren unbeschreiblich. Die uniformierten Wachen trieben uns mit Fußtritten und Schlägen ihrer Gewehrkolben aus dem Zug, eine Rampe oder einen Bahnsteig hinunter. Wir kamen uns vor, als würde uns eine Horde Wahnsinniger angreifen. Dann mussten wir uns in Reihen aufstellen. Ich hatte furchtbare Angst und hielt mich krampfhaft an der Hand meiner Mutter fest. Plötzlich bemerkten wir, dass Julia, eine Freundin meiner Mutter, neben uns stand. Sie war einige Wochen vor uns nach Auschwitz gebracht worden. Ohne ein Wort zu sagen, hielt sie mich fest und schubste mich in eine der hinteren Reihen, einige Meter von meiner Mutter entfernt. Sie legte einen Finger auf ihren Mund und machte mir dadurch klar, dass ich nichts sagen sollte. Schließlich flüsterte sie mir zu, dass ich vorgeben sollte, älter zu sein, als ich in Wirklichkeit war. Wenn man mich fragte, sollte ich sagen, ich sei 18 Jahre alt. Und eine Sekunde danach stand Julia bei meiner Mutter, flüsterte ihr ebenfalls etwas ins Ohr und verschwand wieder. Später fand ich heraus, dass sie sie darüber aufgeklärt hatte, wie die SS-Männer sofort nach der Ankunft eines Transportes vorgingen: Sie trennten die Kinder von ihren Eltern; Kinder hatten keine Chance, am Leben zu bleiben. Ich befolgte Julias Ratschlag.

Wir mussten uns ausziehen und man rasierte uns. Nicht ein Haar wurde uns gelassen. Dann wurden wir zu den Duschräumen geschickt. Einige der anderen Gefangenen warnten uns vor den Duschen und erzählten uns, dass Giftgas und nicht Wasser aus den Duschköpfen ausströmen würde. Wir hielten diese Gefangenen für vollkommen verrückt; deren vermeintlicher Wahnsinn steigerte bei uns den Eindruck unvorstellbaren Schreckens. Als wir schließlich feststellten, dass aus den Duschen tatsächlich Wasser kam, bestätigte das unsere Wahrnehmung nur umso mehr, in einer Welt gelandet zu sein, in der normale Maßstäbe nicht mehr galten und in der wir nichts mehr verstanden. Nach dem Duschen erhielten wir Sträflingskleidung, besser gesagt: Lumpen. Ich bekam nur ein altes blaues Kleid, das mir fünf Nummern zu groß war, keine Unterwäsche oder Strümpfe. Diese Kleidung war zuvor in einen großen Bottich mit kaltem Wasser getaucht worden –

offenbar um gewaschen auszusehen. Gefangene, die schon im Lager lebten, waren für die Kleidung zuständig und warfen uns Neuankömmlingen wahllos Kleidungsstücke zu, sodass niemand etwas Passendes bekam. Panisch versuchten wir sofort, die Sachen untereinander zu tauschen, um passende Kleidung zu ergattern, doch dabei hatten wir kaum Erfolg. Am Ende standen wir in den absonderlichsten Sachen da. Mein blaues Kleid war viel zu lang, und um nicht zu stolpern, musste ich es mir um meinen Bauch festbinden. Es sah fast so aus, als gehörten wir zu einem Zirkus oder kämen von einem Kostümfest. Wir erhielten auch Holzschuhe. Da meine viel zu groß für mich waren, war es schwer, sie nicht zu verlieren. Natürlich war die gesamte Kleidung nass, weil sie eben gerade aus dem Wasser gekommen war. Da es ohnehin kalt und windig war, begannen wir sehr schnell, bis auf die Knochen zu frieren. Wir wurden dann auf einem matschigen und dreckigen Pfad zu den langen Barackenreihen des Frauenlagers geführt. In der Ferne stießen hohe Schornsteine dicken schwarzen Rauch aus und ein die Sinne überwältigender, widerlicher Gestank, der mich an verbrannte Federn erinnerte, umgab uns. Ich kannte diesen Geruch aus einer Zeit, als Großmutters Koch die Hühner rupfte und einige Federn in den Küchenofen geweht waren, doch mir war nicht klar, warum die Menschen in Auschwitz Federn verbrannten.

Als wir die anderen Gefangenen nach den Schornsteinen fragten, zuckten sie nur mit ihren Schultern, und als wir von ihnen wissen wollten, wo jene Männer seien, die einige Wochen zuvor von Theresienstadt nach Auschwitz geschickt worden waren, und was mit ihnen geschehen sei, bekamen wir zur Antwort nur einen gleichgültigen Wink mit der Hand in Richtung der Schornsteine. Schließlich erzählte uns jemand, dass die Schornsteine zu einer Fabrik gehörten, in der man Menschen verbrannte. Es waren die Schornsteine der Krematorien, die zu den Gaskammern in Birkenau gehörten. Ich nahm an, dass der letzte Weg meines Vaters auch dort geendet hatte. Und so begannen wir endlich zu verstehen, was es mit der Lüge über die Errichtung des »neuen Lagers« auf sich hatte.

Ich fand Jahre später heraus, dass mein Vater nicht in Auschwitz ermordet worden ist. Er wurde nach Kaufering, in eines der Außenkommandos des Konzentrationslagers Dachau verlegt und starb dort an einer Typhuserkrankung am 17. Januar 1945, wenige Monate vor dem Ende des Krieges. Es war sein Geburtstag.

Die Erinnerung an den furchtbaren Gestank von Birkenau begleitet mich bis heute. Vor einigen Jahren hatte ich so starke Zahnschmerzen, dass mir ein Zahn gezogen werden musste. Als der Zahnarzt damit begann, das Zahnfleisch abzuätzen, schrie ich auf und brach in Tränen aus. Er dachte, er hätte mir trotz der ordnungsgemäßen Anästhesie Schmerzen zugefügt und war sehr besorgt. Tatsächlich merkte ich von der Operation nichts, doch als er mit der Kauterisation, dem Abätzen, begonnen hatte, war mir ein Hauch des verbrannten Zahnfleisches in die Nase gestiegen. Ich war urplötzlich wieder 60 Jahre in der Vergangenheit, in dem Gestank und dem Schrecken von Auschwitz. Wenn ich mich an Auschwitz erinnere, dann denke ich neben diesem Gestank vor allem an die bittere, furchtbare Kälte. Tag für Tag waren unsere Finger, unsere Zehen, die Füße, die Ohren und unsere Gesichter taub vor Kälte (in Auschwitz werden im Winter minus 20 Grad Celsius erreicht). Wir verloren dadurch unsere Fähigkeit, vernünftig zu denken oder noch irgendetwas zu fühlen, und obwohl ich dabei war, zu verhungern, war ich eigentlich nicht richtig hungrig.

In unserer Baracke teilten wir uns zu fünft ein schmales hölzernes Bett, in dem wir wie Sardinen nebeneinander lagen. Wenn einer sich umdrehen wollte, mussten sich alle umdrehen. Ich erinnere mich, dass ich eines Nachts aufwachte und mir noch kälter als gewöhnlich war. Meine Mutter schlief in meinem Rücken und fühlte sich warm und angenehm an, aber die Frau, die vor mir lag, war sehr kalt. Als ich versuchte, aufzustehen, bewegte sie sich nicht und meine Mutter erklärte mir, dass sie in jener Nacht gestorben war. Ich hatte also fast die ganze Nacht neben einer Leiche gelegen. Trotz der Bedingungen konnten wir schlafen und waren ohnehin zu schwach und ausgelaugt, um noch irgendetwas anderes zu machen. Und trotz allem hatte ich Träume. Ich träumte, zu Hause in Sicherheit und im Warmen zu sein. Das führte dazu, dass ich bei jedem Aufwachen Morgen für Morgen das Gefühl hatte, erstmalig an diesem furchtbaren Ort eingetroffen zu sein. Wenn ich des Nachts zur Toilette gehen wollte, musste ich von meiner Pritsche steigen und zum Ende der langgestreckten Baracke gehen; dort war eine Tonne, die uns als Toilette diente. Ich erinnere mich, dass ich über Leute klettern musste, die auf dem kalten Betonboden lagen, und mich fragte, warum sie dort schliefen. Am folgenden Morgen wurde mir klar, dass sie tot waren und ich über Leichen gestiegen war. Unabhängig vom Wetter mussten wir um fünf Uhr in der Frühe aufstehen und uns draußen aufstellen; dann wurden wir gezählt. Natürlich hatten wir keine Mäntel, ich war immer noch in meinem blauen Kleid, das mir fünf Nummern zu groß war. Wir mussten dort stehen, bis die genaue Anzahl stimmte, auch wenn das oftmals Stunden dauerte. Sogar diejenigen, die unter Durchfall litten – und das waren sehr viele – mussten stundenlang stehen bleiben, bis der Zählappell beendet war: Urin und Fäkalien tropften an ihren Beinen herab.

Und ... Aber wie kann ich in für jeden verständliche Worte fassen, was es bedeutet, in eine Welt gezwungen zu werden, in der es nichts als Schmerz und Unglück und Leiden gibt, in der man nichts, was um einen herum passiert, verstehen kann, in der es keine Regeln gibt. An einem Tag ist es richtig, sich hinzusetzen, und am folgenden Tag wird der Wachmann dich dafür schlagen. Heute wirst du geschlagen, weil du wegrennst, und morgen passiert dir das Gleiche, weil du nicht wegrennst. Und vielleicht wirst du einfach nur so verprügelt, weil der Wachmann jemanden verprügeln will und du in seiner Nähe bist. Und kannst du etwas anderes tun, außer zu versuchen, am Leben zu bleiben und zu hoffen, dass du eines Tages aufwachst und bemerkst, dass es nur ein Albtraum war? Aber wenn du wirklich aufwachst, dann stellst du fest, dass es die Wirklichkeit ist – dass es jetzt dein Leben ist.

DR. MENGELE

Im Gegensatz zu den anderen Gefangenen wurde uns keine Nummer eintätowiert. Wir erhielten stattdessen eine Art Nummernkarte, die wir um den Hals trugen. Es gab damals das Gerücht, dass wir deswegen nicht tätowiert wurden, weil die Deutschen keine Tinte mehr hatten. Jemand nahm an, dass wir nicht lange in Auschwitz bleiben würden und deswegen keine Nummer bekamen, oder weil es irgendein anderes Vorkommnis gegeben hatte, dass uns wie so vieles zuvor unerklärbar war. Auf jeden Fall wurden wir in unseren ersten Tagen in Auschwitz-Birkenau in Gruppen eingeteilt, die außerhalb des Lagers arbeiten sollten. Wir wurden dazu gezwungen, Panzerabwehrgräben auszuheben. Ohne Schuhe und nur in der dünnen Kleidung, die vollkommen durchlöchert war und während der Arbeit immer weiter aufriss, litten wir furchtbar unter der Kälte. Und das Essen, das wir bekamen, war sogar noch schlechter als das in Theresienstadt. Ich konnte kaum glauben, dass diese Hölle die Wirklichkeit war.

Nach ungefähr sechs Wochen dieses schrecklichen Lebens wurde uns befohlen, uns vor den Baracken wie sonst üblich zum Appell aufzustellen. Uns gegenüber stand ein SS-Offizier in einer eleganten Uniform. Es war der berüchtigte Lagerarzt Josef Mengele, der die ›Selektion‹ der jungen und (mehr oder weniger) gesunden Frauen vornahm, die noch arbeiten konnten, und die anderen in die Gaskammer schickte. Er blickte die Gefangenen flüchtig an und entschied dann durch eine knappe Handbewegung über unser Schicksal. Manche schickte er nach links, andere nach rechts – die einen in die Sklaverei, die anderen in den Tod. Ich glaube nicht, dass ich ihm direkt ins Gesicht blickte, denn für uns Gefangene konnte es gefährlich sein, einen Deutschen direkt anzuschauen. Ich schaute wohl eher nach unten, denn ich kann mich nur noch an seine großen, polierten Stiefel erinnern. Drei ›Selektionen‹ Mengeles musste ich durchstehen – und alles, woran ich mich von ihm erinnere, sind seine schwarzen, polierten Stiefel. Nach der dritten ›Selektion‹ sollten wir in ein weiteres Arbeitslager verbracht werden und hatten erstmals ein wenig Hoffnung, dass es dort besser sein würde; wir dachten, dass es überall besser sein müsse als in Auschwitz. Vor dem Transport gaben sie uns Kleidung und Schuhe. Unglücklicherweise bekam ich zwei linke Schuhe. Ich war so naiv, zu glauben, dass ich sie gegen ein passendes Paar eintauschen könne, deswegen ging ich ein zweites Mal zu dem Schuhhaufen, um mir andere heraus zu suchen. Ohne jede Vorwarnung traf mich ein heftiger Schlag ins Gesicht. Der SS-Mann, der für die Verteilung der Schuhe zuständig war, hatte mich mit seinem Gewehrkolben so heftig geschlagen, dass ich meine beiden mittleren Schneidezähne verlor. Mit blutendem Mund und meinen beiden linken Schuhen ging ich zurück.

Ein anderer Wachmann war etwas mildtätiger. Wie einem herumstreunenden Hund warf er mir ein Stück einer Wurst zu, von der er bereits einen Bissen verzehrt hatte. Die nicht zueinander passenden

Schuhe und die ausgeschlagenen Zähne waren in der Aufregung um das zusätzliche Essen für einen kurzen Moment vergessen. Ich wollte diese glückliche Fügung mit meiner Mutter teilen und rannte los, um sie zu suchen. Doch kaum hatten die anderen Gefangenen mich und das, was ich in meiner Hand hielt, erblickt, stürzten sie sich wie Tiere auf mich, rissen an meinen Armen, zerrten an meiner Hand und leckten mir sogar die Finger ab. Schließlich gelangte ich aber doch zu Mutter und teilte das übriggebliebene kostbare Stück Wurst mit ihr. Zu der Zeit schien mir ein solches Verhalten vollkommen normal zu sein – der unmenschliche Hunger machte uns alle zu wilden Tieren.

Die Wachen trieben uns in den Zug. Diesmal waren es Viehwaggons. Auf dem Weg zum Zug schaffte Mutter es, etwas Schnee aufzuklauben und mir in den Mund zu stecken, damit die Blutung vom Zahnfleisch, ausgelöst durch die herausgeschlagenen Zähne, gestillt würde. Ich kann mich nicht erinnern, wegen dieser Misshandlung verwundert oder aufgebracht gewesen zu sein. Alles dort erschien mir vollkommen verrückt und nichts barg noch eine Überraschung. Außer in den Gesprächen mit meiner Mutter schaltete ich alle Gefühle und fast alle Gedanken aus. Es war unmöglich, zu verstehen, was um einen herum passierte und wenn man einmal damit angefangen hatte, über den Schmerz und das Unglück nachzudenken, wurde man selbst irre. Deswegen war es am besten, alles einfach zu akzeptieren und lediglich zu versuchen, von Minute zu Minute am Leben zu bleiben.

Plötzlich verbreitete sich in der Masse der Gefangenen wie ein Lauffeuer das Gerücht, dass die SS uns alle während der Fahrt in den Waggons vergasen würde. Die Menschen waren außer sich vor Angst und eine wahnsinnige Panik brach aus. Um mich zu beruhigen, stellten sich meine Mutter und ihre beiden Freundinnen, Julia und Paula, mit mir in eine Ecke des Waggons und taten so, als hätten sie keine Angst und würden von der Hysterie um sie herum nichts mitbekommen. Nach mehreren Stunden dieser entsetzlichen Fahrt, während der wir jeden Moment erwarteten, das Geräusch des einströmenden Gases zu vernehmen, hielt der Zug an. Wie üblich wurden wir mit Tritten und Schreien herausgetrieben. Die Wachen befahlen uns, loszumarschieren. Wir gingen einige Stunden, bis wir ein Arbeitslager erreichten, das in einem Wald lag und von schneebedeckten Bäumen umgeben war. Es war das

Frauenlager Christianstadt in der Neumark, ein Außenkommando des Konzentrationslagers Groß Rosen. Dort gab es drei große Kuhställe, die zu Schlafbaracken umfunktioniert worden waren und ab jetzt unser Zuhause sein sollten. Doch zunächst mussten wir uns aufstellen und wurden geimpft. Ich weiß nicht, wozu die Impfung diente, ob wir mit etwas infiziert werden sollten oder ob sie uns vor etwas schützen sollte. Aber da der Wachmann bei der Impfung dieselbe Injektionsnadel für mehrere hundert Menschen benutzte, war es keine Überraschung, dass sich viele von uns schon durch die Impfung infizierten. Ich habe das Wundmal immer noch auf meinem Arm.

ICH MUSS DICH VERLASSEN

Wir sollten Gräben ausheben, die mit Stacheldraht befüllt wurden. Die Erde war hartgefroren, das Wetter bitterkalt, und wir hatten weder geeignete Werkzeuge noch passende Kleidung. Meine Mutter, Julia und Paula meldeten sich freiwillig zur Küchenarbeit, weil sie uns, ein wenig Glück vorausgesetzt, etwas zu essen beschaffen wollten. Sie bekamen schließlich die Arbeit in der Küche, sodass wir ein Messer und heißes Wasser von dort erhielten. An der Stelle, an der mein Arm von der Infektion durch die Impfung eiterte, machte meine Mutter einen Schnitt, ließ den Eiter ab und wusch die Wunde mit heißem Wasser aus. Ohne diese schlichte Erste Hilfe wäre ich wie so viele andere wahrscheinlich gestorben.

Dann geschah ein kleines Wunder. Früh morgens während des Appells bemerkte der Lagerkommandant, dass ich barfuß war – ich konnte die zwei linken Schuhe, die man mir gegeben hatte, nicht tragen – und schickte mich in einen kleinen Holzschuppen bei den Baracken. Zu meiner Verblüffung traf ich dort ein junges Mädchen, das ungefähr drei Jahre älter als ich war. Es war eine Ungarin namens Goldi. Selbstverständlich sprach sie kaum Deutsch oder Tschechisch, und ich konnte nur ein wenig Ungarisch, doch sie schaffte es, mir zu verdeutlichen, dass diese Hütte das Büro oder der Wohnbereich des Lagerkommandanten war und wir sie zu reinigen hätten. Mitten im Raum befand sich etwas unglaublich Wunderbares: ein kleiner, zylindrischer Ofen, der eine nachgerade himmlische Wärme abgab. In einem Zimmer zu sein, das beheizt war, kam mir wie ein Traum vor. Mir wurde langsam warm, und ich begann, vorsichtig den Bereich um den Ofen zu säubern. Tag für Tag putzten und kümmerten Goldi und ich uns nun um die Hütte, passten vor allen Dingen auf das Ofenfeuer auf und sorgten dafür, dass es weiter brannte und uns wärmte. Auf dem Ofen stand immer ein Topf mit heißem Wasser, aus dem Goldi und ich uns regelmäßig etwas einschenkten; wir stellten uns dabei vor, dass es sich um das ausgefallenste und köstlichste Getränk handelte. Heißes Wasser zu trinken – ein für uns fast unvorstellbarer Luxus – hielt unsere ausgemergelten Körper ein wenig warm. Goldi sprach mit mir Ungarisch, und ich begann langsam, ein wenig davon zu verstehen.

Das Wunder setzte sich fort, als mir der Kommandant ein Paar richtiger Schuhe brachte. Diese Schuhe sollte ich später auf dem fast 500 Kilometer langen ›Todesmarsch‹ aus dem Lager heraus tragen. Nach einiger Zeit hatte ich mich an die Lücken in meinem Mund, die die ausgeschlagenen Zähne hinterlassen hatten, gewöhnt. Meine Mutter versprach mir, dass sie mich, sobald wir nach Hause zurückgekehrt seien, zu unserem Zahnarzt, Doktor Wiener, bringen würde, und ich erinnerte mich, dass ich einstmals in seiner Praxis meinen Mund nie öffnen wollte und er mich mit kleinen Geschenken bestechen musste. Als ich meiner Mutter davon erzählte, beichtete sie mir, dass tatsächlich sie es gewesen war, die diese Geschenke mitgebracht hatte, da sie schon geahnt hatte, wie wenig zugänglich ich beim Zahnarzt sein würde.

Eine der Gefangenen in Christianstadt war eine bekannte Chansonsängerin. Trotz der fürchterlichen Zustände stellte sie sich in einem der Innenhöfe an einen Laternenpfahl und sang ein Lied, das – wie ich später herausgefunden habe – sowohl bei den alliierten und den deutschen Soldaten als auch bei Zivilisten auf der ganzen Welt sehr populär war. Sie sang es im deutschen Original:

»Vor der Kaserne,
vor dem großen Tor,
stand eine Laterne
und steht sie noch davor.
So woll'n wir uns da wiederseh'n,
bei der Laterne woll'n wir steh'n
wie einst, Lili Marleen.«

Dieses weltberühmte Lied hörte ich also in der deutschen Originalfassung zum ersten Mal bei den Baracken in Christianstadt im Schein einer Laterne. Der Tod um uns herum und das Elend unseres täglichen Lebens machten dieses Lied noch ergreifender – bis heute treten mir Tränen in die Augen, wenn ich es höre.

Die Nahrungszuteilungen für die Gefangenen wurden immer spärlicher, so dass wir immer weiter abmagerten und noch mutloser wurden. Meine Mutter und ich wussten, dass wir keine großen Aussichten hatten, den Krieg zu überleben, aber wir hielten unsere Hoffnung aufrecht und versicherten uns gegenseitig, dass wir so lange, wie unsere Kräfte es irgendwie zuließen, nicht aufgeben würden. Eine der Frauen im Lager sagte, sie sei ein Medium und gab vor, Kontakt mit den Seelen der Toten aufnehmen zu können, wenn sie in Trance war. Sie sagte, dass wir in zwei oder drei Monaten, an einem 20., befreit werden würden. Zu Beginn des Jahres 1945 hörten wir in der Ferne die Geräusche von Gewehren. Die Nachricht verbreitete sich im Lager, dass die Rote Armee vorrückte, was unserer Hoffnung wieder neue Nahrung gab – vielleicht rettete man uns letztlich doch. Und einige Tage später erreichte das Lager am 20. Januar ein großer Lastwagen mit Soldaten. Doch es waren keine Amerikaner, wie wir gehofft hatten, und noch nicht einmal Russen, sondern bewaffnete SS-Männer mit Schäferhunden. Wir wussten nicht genau, was das zu bedeuten hatte, doch nahmen wir an, dass es nichts Gutes verhieß. Noch vor Sonnenaufgang wurden wir am nächsten Morgen aus dem Lager herausgeführt. Man sagte uns, dass wir »evakuiert« werden würden, doch wie wir sehr schnell herausfanden, bedeutete diese Evakuierung einen Marsch von ungefähr 500 Kilometern. Jeden Tag liefen wir 30 oder 40 Kilometer. Nachts war es furchtbar kalt und wir schliefen unter freiem Himmel auf dem nackten Boden. Wir suchten Gras, Kräuter und Abfall, den wir am Straßenrand fanden, um unseren unerträglichen Hunger zu bekämpfen. Unseren Durst löschten wir mit Schnee. Abends erhielten wir die einzige Mahlzeit des Tages: eine wässrige Suppe und ein Stück Brot.

Auf unserem Weg passierten wir bewohnte Ortschaften. Ich sah die kleinen Häuser, in denen Lichter brannten und fühlte großen Neid in mir aufsteigen. Dass es immer noch Menschen gab, die in ihren beheizten Häusern lebten und die nicht dauernd hungrig waren, konnte ich kaum begreifen. Ich wünschte mir, dass wir uns in eines dieser Häuser flüchten könnten, doch das war nur ein verrückter Traum. Die SS-Männer bewachten uns sehr scharf. Frauen, die zu fliehen versuchten, wurden verfolgt, von Hunden gejagt und auf der Stelle erschossen. Als uns einmal Frauen aus einem der Dörfer etwas Brot und Wasser geben wollten, befahlen ihnen die Wachen klipp und klar, wieder wegzugehen, sonst müssten sie uns auf dem Marsch begleiten. Diejenigen, die zu schwach zum Laufen waren, wurden von den Wachen erschossen. Sogar die Schutzpolizisten, die normalerweise nicht gewalttätig oder bösartig waren, erschossen die Nachzügler. Wir liefen in Fünferreihen mit je einem Schutzpolizisten neben uns. Als eine Mutter mit ihrem Kind neben uns zu Boden fiel und nicht weiter gehen konnte, bat das Mädchen uns inständig, ihrer Mutter zu helfen und sie ein kurzes Stück des Weges zu tragen, doch wir waren dazu nicht in der Lage. Wir ließen sie am Straßenrand liegen und hörten einige Minuten später zwei Pistolenschüsse. Wir sahen sie nie wieder. Meine Mutter hatte ein großes, wundes Geschwür an einem Bein und ich befürchtete, dass sie dasselbe Schicksal ereilen würde.

Schließlich kamen wir in einem Durchgangslager an. Wir wurden in einem großen Raum eingesperrt, der keine Fenster hatte, sondern nur schmale Schlitze zur Belüftung. Vollkommen entkräftet setzten wir uns auf den Boden und warteten auf unseren täglichen Bissen Brot. Meine Mutter schloss ihre Augen, zog mich zu sich heran und flüsterte: »Eva, es tut mir leid. Ich muss dich verlassen. Ich kann nicht mehr weiter gehen.« Dann küsste sie mich und schaute mich an, aber ich glaube nicht, dass sie mich noch erkennen konnte. Als ich ihr in die Augen blickte – diese Augen, die ich so sehr liebte, – sah ich, wie mich der Tod anschaute. Doch ich sprach weiter mit ihr. Ich sprach, weil ich mir nicht eingestehen konnte, dass meine Mutter gestorben war – dort, neben mir, in eben jenem Moment.

Die Tür ging auf und die Brotrationen für den Abend wurden verteilt. Die Frau, die für die Verteilung des Brotes zuständig war, schmiss mir und meiner Mutter, die nur zu schlafen schien, jeweils ein Stück zu.

An jenem Abend aß ich zwei Scheiben Brot.

An nächsten Abend wurde die Leiche meiner Mutter, meiner wundervollen, über alles geliebten Mama, zusammen mit anderen, als wären es bloß Holzstämme oder Müllsäcke, auf einen von Pferden gezogenen Karren geworfen und weggefahren. Ich wollte meine Mutter begleiten, doch der Fahrer befahl mir, zurück zur Kolonne zu gehen, und stieß mich fort. Also schloss ich mich wieder den Lebenden an.

Dieser Tag war, zumindest was mich betraf, der beschwerlichste des gesamten Marsches. Meine Mutter war verstorben, und ohne sie schienen auch meine Kräfte zu schwinden. Ich überstand den Tag, obwohl ich nicht weiß, wie. In jener Nacht schliefen die Häftlingskolonnen auf einem Heufeld, und ich legte mich in einen Heuhaufen. Das Heu und das Stroh stanken, doch wurden wir dadurch wenigstens warm gehalten. Ich vergrub mich im Stroh, kümmerte mich nicht um den Gestank und fiel im Warmen schnell in einen tiefen und völlig ermatteten Schlaf. Am nächsten Morgen machte sich die gesamte Gruppe wieder auf den Weg, doch ich bemerkte davon nichts. Ich war so erschöpft, dass ich einfach weiterschlief, und durch Heu und Stroh bemerkte mich niemand. Zu jener Zeit waren bereits so viele Menschen gestorben und zurückgelassen worden, dass die Wachen sich nicht mehr damit herumplagten, uns zu zählen. So schlief ich einen ganzen Tag lang und wurde erst von einer sanften Stimme geweckt: »Du atmest noch, du bist nicht tot.«

Ich öffnete meine Augen. Neben mir hockte ein Junge, der wie ich in Lumpen steckte und mir eine Tasse Milch reichte. Unfassbarerweise bot er mir seine Milch an, und gierig trank ich. Welch herrlicher Geschmack! Es war so lange her, dass ich Milch geschmeckt hatte – ein ganzes Leben war es her –, und ich trank alles aus. Dann verschwand der Junge, kam jedoch ein paar Minuten später mit einer Zuckerrübe wieder. Er zerteilte sie in kleine Stücke und fütterte mich damit. Währenddessen erklärte er mir, dass er sich bereits seit mehr als einem Monat versteckt hatte und auf das Vorrücken der Russen wartete, die die Deutschen vertreiben und ihn befreien würden. Der Schlaf, die Milch und die Rübe gaben mir etwas Kraft, sodass ich mich ein wenig besser fühlte. Durch diesen Jungen erfüllte mich neue Hoffnung und Energie. Doch dann verschwand er erneut und kehrte, obwohl ich lange auf ihn wartete, nicht zurück. Ich weiß bis heute seinen Namen nicht und sah ihn niemals wieder, sodass ich ihm auch nie für seine Freundlichkeit danken konnte.

Doch an jenem Ort, wo auch immer ich mich befand, konnte ich nicht bleiben. Ich musste Schutz suchen und brauchte etwas zu essen. Es war eine helle, mondbeschienene Nacht; am Himmel funkelten die Sterne. Nach allem, was ich durchgemacht hatte, bemerkte ich, wie sehr ich die Stille der Nacht genoss und begann zu rennen. Die Milch, die Zuckerrübe und die Begegnung mit einem freundlichen Menschen hatten mir neue Kraft gegeben, sodass ich bis zum Morgen durchlief. Als die Sonne aufging, befand ich mich auf einer kleinen Wiese voller wild wachsender Blumen. Alles war ruhig und friedlich, und es roch nach frischem Gras und den Blumen. Kein Hundebellen war zu hören, keine schreienden deutschen Soldaten, keine Geräusche von marschierenden Stiefeln oder von gebrüllten Befehlen. Ich vernahm nur singende Vögel und einen leisen Windhauch, der durch das Gras und die Bäume strich. Die Sonne wärmte mein Gesicht. »Der Frühling hat begonnen ...«, dachte ich und kam mir fast wieder wie das kleine Mädchen vor, dass mit Boženka einen Spaziergang im Wald macht. Wie zu jener Zeit pflückte ich einen kleinen Blumenstrauß, bevor ich weiterging. Ich wusste nicht, wo ich war und in welche Richtung ich ging, doch dann passierte ich einen Schienenstrang.

Obwohl mir unklar war, um welches Gleis es sich handelte, wusste ich, dass es natürlich in irgendein Dorf oder eine Stadt führen musste; also folgte ich den Schienen. Nach einiger Zeit waren die Hitze so stark und meine Erschöpfung so groß geworden, dass ich mich in einem friedlichen Waldstück neben die Gleise setze und wieder an meine Mutter dachte, die nur wenige Tage zuvor an meiner Seite gestorben war. Ich begann zu weinen und beschloss daraufhin, ihr auf einer Wiese eine kleine ›Grabstätte‹ zu errichten und meine Blumen dort abzulegen. Dann legte ich mich hin und fiel sofort in einen tiefen Schlaf.

Plötzlich wurde ich durch etwas aufgeweckt und sah, wie sich ein deutscher Soldat über mich beugte. Er schien genau so überrascht zu sein, mich zu treffen, wie ich von seiner Anwesenheit aufgeschreckt wurde. Ich trug verdreckte Gefängniskleidung, war vollkommen abgemagert, einem Skelett ähnlich, mein Haar war geschoren – und ich lag neben einem Strauß Blumen! Es muss ein ziemlich surrealer Anblick gewesen sein. Ich erzählte ihm, wo ich herkam: Da wir uns zu Hause in Prag auf Tschechisch und Deutsch unterhalten hatten und ich in den Lagern natürlich ebenfalls Deutsch gesprochen hatte, hatte ich keine Probleme, mich mit ihm zu verständigen. Er berichtete, dass er desertiert war und mir nichts tun würde. Offensichtlich wollte er mich nicht bei den deutschen Behörden anzeigen, also hörte ich auf, mir Sorgen zu machen und wurde noch ein wenig vertrauensseliger, bis er mir aus einem Seesack etwas Brot und einen Becher Kaffee gab. Ja, Kaffee! Zum ersten Mal seit vielen Jahren trank ich Kaffee. Obwohl ich mir heute sicher bin, dass es sich um furchtbares Zeug gehandelt haben muss, schmeckte es mir damals fantastisch.

Er beschrieb mir außerdem, dass die Deutschen von den Russen und den Alliierten zurückgedrängt worden waren, und meinte, dass sie bald besiegt und die Kriegshandlungen beendet seien. Seine Uniform wollte er loswerden und vergraben; alles, was ihn an den Krieg erinnerte, wollte er zurücklassen. Ich hatte keine Vorstellung von Zeit, wusste nicht, in welchem Monat wir uns befanden, und konnte mir nur schwerlich das Jahr ins Gedächtnis rufen. Im Lager ist ein Tag wie der andere. Den Ablauf der Zeit konnte ich mir nur merken, indem ich versuchte, mich daran zu erinnern, wann wer gestorben oder ermordet worden war. Deswegen eröffnete mir erst der Soldat, dass wir uns bereits im April 1945 befanden, und dass er hoffte, wir beide könnten bald nach Hause gehen. Mit dieser Bemerkung verabschiedeten wir uns voneinander, wünschten uns gegenseitig viel Glück und gingen getrennter Wege.

Dieser Soldat hatte mir erklärt, in welcher Richtung die tschechische Grenze lag. Ich ging also los. An jenem Abend kam ich an zwei tschechischen Jungen vorbei, die mich mit offenstehenden Mündern entgeistert anstarrten, als ob ich einer Fantasie oder einem Albtraum entsprungen wäre. Ich sah in meiner verschmutzten Kleidung wie ein wandelndes Gespenst aus, Arme und Beine wie bei einem Strichmännchen und keine Haare auf dem Kopf. Sie wollten wissen, wer ich sei und woher ich komme, aber als ich begann, ihnen davon zu berichten, schüttelten sie ungläubig ihre Köpfe und dachten wahrscheinlich, ich sei verrückt. Sie rannten davon und ließen mich allein zurück. Einige Tage lang lief ich weiter und schlief im Freien an Plätzen, an denen ich mich hinlegen konnte, bis ich einen Wald erreichte und eine kleine Hütte bemerkte, die mutmaßlich von Waldarbeitern oder Holzfällern benutzt wurde. Hier erwartete mich ein Obdach und mit etwas Glück auch Hilfe, und ich ging vorsichtig auf die Hütte zu. Als ich mich näherte, brüllte mich plötzlich jemand auf Deutsch an: »Du da! Bleib stehen! Bleib stehen!« Es war ein bewaffneter deutscher Soldat. »Wer bist du? Was tust du hier? Was willst du?« Ich hatte furchtbare Angst, brachte jedoch heraus, dass meine Gruppe mich am Morgen beim Aufbruch zurückgelassen habe und ich versuche, mich ihnen wieder anzuschließen. Er lachte über diese eher unwahrscheinliche Geschichte und zielte mit dem entsicherten Gewehr auf mich. Ich erstarrte vor Angst und war mir sicher, dass er mich töten würde, doch in dem Moment trat ein zweiter Soldat aus der Hütte, legte seine Hand auf die Schulter des anderen und sagte: »Lass sie gehen, die wird von allein krepieren. Es ist doch nur schade um die Kugel.« Der erste Soldat nahm sein Gewehr herunter, und ich rannte, noch bevor er seine Meinung wieder änderte, so schnell wie ich konnte, in den Wald. Bis heute weiß ich nicht, warum er mich nicht getötet hat. Der Krieg dauerte zu diesem Zeitpunkt bereits über fünf Jahre. Deutsche Soldaten hatten Millionen Menschen umgebracht, und Juden waren von Wachmännern aus belanglosen Gründen oder zum Spaß erschossen worden. Doch jener zweite Soldat schaute mich an und entschied, dass ich offensichtlich noch nicht mal die paar Pfennige, die eine Kugel kostet, wert war. Zu der Zeit erschien mir dieses ökonomische Argument sehr vernünftig und überzeugend, aber wenn ich jetzt darüber nachdenke, dann bin ich mir sicher, dass der Geist meiner Eltern gekommen war, um mich zu retten. Auf jeden Fall kann ich Jahre später, wenn ich des Nachts aufwache, immer noch das Gesicht dieses jungen, bewaffneten Soldaten sehen, der mich frohgemut erschossen hätte; und ich höre seinen Kameraden wieder und wieder sagen: »Lass sie gehen, die wird von allein krepieren. Es ist doch nur schade um die Kugel.« Regelmäßig breche ich dann in kalten Schweiß aus.

Getrieben von einem alles umfassenden Grauen rannte ich weiter. Nach einer Weile erreichte ich einen Fluss und erblickte auf der anderen Seite ein Dorf, das Schutz versprach. Wenn ich Glück hatte, konnte man mir dort helfen, aber wie sollte ich den Fluss, der offensichtlich recht tief war, überqueren? Mit einem Ast prüfte ich die Tiefe des

Wassers und lief dann so lange am Ufer entlang, bis ich eine Stelle gefunden hatte, an der ich durch den Fluss waten konnte. In dem Dorf gab es nur wenige Gebäude und ich klopfte an die Tür des größten Hauses. Als mir niemand antwortete, öffnete ich die Tür vorsichtig. Im Eingangsbereich standen aufgereiht blitzblank geputzte Stiefel, wie sie von den Deutschen getragen wurden. Ich zog die Tür noch nicht mal hinter mir zu, sondern rannte so schnell ich konnte auf die umliegenden Felder. Dann fiel ich nieder und verlor das Bewusstsein.

Stimmen. Ich träumte, dass ich Stimmen hörte und Berührungen spürte, behutsame Hände, die mir meine schmutzigen, von Läusen zerfressenen Lumpen auszogen. Und dann spürte ich, wie mich diese sanften Hände wuschen – und es war die Wirklichkeit, obwohl es sich immer noch wie ein Traum anfühlte. Als ich meine Augen öffnete, dachte ich weiterhin, dass ich träumte: Ich lag in einem Bett mit echten Kissen und war mit einem sauberen Nachthemd bekleidet. Neben meinem Bett standen ein fremder Mann und eine fremde Frau und sahen mich an. Der Mann flüsterte der Frau, während er die Hand auf meine Stirn gelegt hatte, auf Tschechisch zu: »Sie wacht auf.« Die Frau führte einen Löffel an meinen Mund, und ich bemerkte, dass sie mir etwas Süßes geben wollte. Ich sah einen großen Schrank mit einer Glastür, in dem sich Porzellan befand. Ich dachte, dass ich wohl in einem richtigen Haus sein müsse. Dann hörte ich eine weitere Stimme auf Tschechisch sagen: »Gebt ihr nicht zu viel zu essen, nur ein wenig Milch oder eine dünne Suppe.« Das musste ein Doktor sein, denn er fühlte danach meinen Puls und fügte hinzu: »Sie scheint in Ordnung zu sein, aber sie ist sehr schwach. Lasst sie erstmal lange schlafen!« Ich hatte nicht genügend Kraft, um etwas zu sagen, deswegen dankte ich ihm für seine Güte nur in Gedanken.

Am nächsten Morgen bauten meine Retter mir ein kleines Refugium als Versteck. Sie schoben einen Küchentisch zur Seite und rissen einige Holzplanken aus dem Holzboden. Darunter befand sich ein großer ausgehöhlter Raum, in den sie ein Bett stellten. Der Mann trug mich auf seinen Armen hinunter und legte mich in das Bett. Mit seiner tiefen, warmen Stimme erklärte er mir, dass er und seine Frau zum Arbeiten auf das Feld gehen müssten. Sie müssten mich verstecken, damit mich während ihrer Abwesenheit niemand finden konnte. Die deutsche

Armee befand sich immer noch in der Nähe des Dorfes und die Dorfbewohner hatten große Angst davor, entflohene Gefangene aufzunehmen, da sie fürchteten, dass die Deutschen sie und ihre Familien töteten, falls sie jemanden fänden. Allein in meinem Versteck versuchte ich mich an alles, was geschehen, auch wie ich in dieses Haus gelangt war, zu erinnern. Währenddessen wurde ich eines neuen Problems gewahr. Wie sollte ich dem Mann und der Frau sagen, wer ich war und wo ich herkam? Was sollte ich tun, wenn sie mich nach meinem Namen fragten? Ich wollte ihnen nicht sagen, dass ich Jüdin war, da ich befürchtete, dass sie mich dann wieder hinausschmissen. Doch von diesen ganzen Überlegungen ermüdet, schlief ich zunächst wieder ein.

Am Nachmittag kam der Mann, den ich später Onkel Jahn nennen sollte, zurück und brachte mir einen Teller mit einer wohlriechenden Suppe, die so schmeckte, wie ich es noch von vor den Schrecken des Krieges im Gedächtnis hatte. Als ich fertig war, fragte er mich mit leiser Stimme, wie ich hieß. »Eva«, antwortete ich und schloss meine Augen wieder, um nicht auf weitere Fragen eingehen zu müssen. Während ich so tat, als ob ich schlief, zermarterte ich mir den Kopf darüber, welcher Familienname sich nicht jüdisch anhörte. Wie war noch mal der Name unserer tschechischen Haushälterin in Prag gewesen? Ich kam nicht darauf, so sehr ich mich auch anstrengte. Plötzlich erschien vor meinem geistigen Auge jene Straße, an der ich auf meinem täglichen Schulweg immer vorbeigelaufen war. Es gab dort ein schönes, großes Haus mit einem Namensschild: *Doktor Karel Král*. Ich wusste, dass dieser Doktor Král kein Jude war. Sofort entschied ich mich dazu, seinen Namen anzunehmen und war erleichtert: Ich war wieder eine ›Person‹.

Am folgenden Abend griffen die Amerikaner die Stadt Pilsen in der Nähe und die dorthin führenden Straßen an. Die amerikanische Armee stieß schnell vor und beschoss die deutschen Positionen, deswegen versteckten wir uns in einem kleinen Luftschutzbunker. Der Mann wickelte mich in ein Laken und trug mich auf seiner Schulter. Erst zu diesem Zeitpunkt fand ich heraus, dass meine Retter eine Tochter hatten. Sie saß neben ihrer Mutter, weinte und hielt deren Hand fest umklammert, als ob sie sie nie mehr loslassen wollte. Nach allem, was ich durchgemacht hatte, kam mir ihre Angst ein wenig lächerlich und übertrieben vor. Alle beteten, als ob sie strenggläubige Christen seien. Die

Frau gab mir einen Rosenkranz und bat mich, ebenfalls ein Gebet zu sprechen. Da ich jedoch nicht wusste, wie Katholiken beteten, schloss ich einfach meine Augen und flüchtete mich wieder in den Schlaf.

Mit der Zeit gewann ich die Familie sehr lieb. Onkel Jahn berichtete mir, wie er mich halbtot aufgefunden hatte. Er hatte mich auf einen von Pferden gezogenen Karren gehoben und in sein Haus gebracht, das in dem Dorf Possigkau lag. Später fand ich heraus, dass ich zunächst an einem kleinen Bach von einigen freundlichen Menschen aus Possigkau gefunden worden war, die sich trotz der damit für sie verbundenen Lebensgefahr um mich kümmerten. Da ich sehr schwach war, baten sie die örtliche Hebamme um Hilfe, so dass ich heute immer erzähle, ich sei in Possigkau ein zweites Mal geboren worden. Des Nachts versteckten sie mich in einem Keller voller Kartoffelsäcke und sobald es am nächsten Tag wieder dunkel geworden war, kam Onkel Jahn mit seinem Pferdekarren, versteckte mich im Klee und brachte mich zu seinem Haus. Seine Ehefrau Ludmila hatte eine sehr laute Stimme und ich zunächst Angst vor ihr, doch sie päppelte mich mit großer Freundlichkeit und Sorgfalt auf, sodass ich mich nach kurzer Zeit an ihre Art zu sprechen gewöhnte. Ihre Tochter Vlasta und ich wurden schnell gute Freundinnen. Onkel Jahn behandelte mich so, als wäre ich sein leibliches Kind. Das Dorf wurde Nacht für Nacht beschossen, und jedes Mal trug er mich auf seinen Armen in den Keller.

Eines Tages eröffnete ich ihnen, wer ich war; ich gab jedoch nicht meine wahre Identität, sondern nur die angenommene preis: Eva Králová (da im Tschechischen bei weiblichen Personen die Endung -ová an den Familiennamen gefügt wird, wurde aus meinem ›adoptierten‹ Namen Král eben Králová), Tochter eines Chirurgen, Karel Král, der mit seiner Familie von den Deutschen aus politischen Gründen in ein Konzentrationslager deportiert worden war. Die guten Menschen aus Possigkau glaubten mir jedes Wort, obwohl ich sie recht schamlos belog.

Lieber Gott, wenn es dich gibt, wenn du die Schrecken des Krieges und der Lager gesehen hast, dann wirst du mir diese eine kleine Lüge vielleicht verzeihen.

Die Nachbarn und Verwandten von Onkel Jahn kamen an jedem Abend in seinem Haus zusammen. Jeder hatte etwas mitgebracht. Tante Ludmilas Schwester hatte mir ein hübsches Kleid genäht und eine andere Tante brachte mir eine bestickte Bluse mit. Ich bekam außerdem ein buntes Kopftuch, da mein Haar immer noch nicht vollständig nachgewachsen war. Alle Mädchen in dem Dorf trugen Kopftücher, sodass ich nicht sonderlich auffiel. Die Abende verbrachte ich bei den Jahns mit ihren Freunden und ihren Familienangehörigen; tagsüber jedoch wurde ich weiterhin versteckt, denn es bestand immer noch die Gefahr, dass ich von den Deutschen entdeckt würde. Eines Morgens aber kam Vlasta früher als sonst von der Arbeit auf den Feldern angerannt. Aus meinem Versteck konnte ich ihre aufgeregte Stimme vernehmen: »Eva, Eva, du kannst jetzt herauskommen! Die Deutschen sind verschwunden, der Krieg ist vorbei!«

Ich rannte nach draußen und war vollkommen außer mir. Alle Einwohner von Possigkau tanzten vor Freude und Erleichterung, am Leben geblieben zu sein und nun ohne Furcht in die Zukunft blicken zu können. Ein mit Fahnen geschmückter amerikanischer Panzer fuhr durch das Dorf und die Soldaten warfen den Kindern Schokolade zu. Die Dorfkapelle spielte und der Trommler hob mich auf seine Schultern, während die fröhlich lachende Gruppe durch das ganze Dorf marschierte.

Als das Freudenfest beendet war und wir nach Hause zurückgekehrt waren, wurde ich furchtbar traurig und begann zu weinen. Zum ersten Mal rannen nach diesen ganzen Jahren Tränen meine Wangen hinab. Ich weinte um all diejenigen, die niemals erfahren hatten, dass der Krieg geendet hatte. Ich weinte um meinen Vater und um meine Mutter. Ich weinte, weil ich der einzige Mensch in meiner Familie war, der überlebt hatte; als Einzige hatte das Monster mich nicht erdrückt. Ich fühlte mich nicht siegestrunken, sondern besiegt. Onkel Jahn begriff nicht, warum ich weinte. Er wollte mich trösten und sagte: »Ab jetzt wird alles gut werden.« Doch ich fand keine Worte, die meine Gefühle und meine Tränen erklären konnten.

Von nun an arbeitete ich jeden Tag mit den Jahns auf den Feldern. Onkel Jahn passte auf, dass ich nicht zu müde wurde und trug mich auf seinen Schultern. Jeden Tag schaute er sich meine streichholzdünnen Beine an und überprüfte, ob sie belastbarer geworden waren. Halb aus Spaß, aber vielleicht auch halb im Ernst, bot er mir an, mir seine Beine zu leihen, bis ich wieder richtig gehen konnte. Ich liebte die Felder, die wilden Blumen und den Geruch von frisch gemähtem Heu; er unterschied sich so sehr vom Geruch des Gefängnisses, an den ich mich in den Jahren zuvor gewöhnt hatte. So lange meine Kräfte es zuließen, arbeitete ich mit den Jahns auf den Feldern und half ebenso Tante Ludmila bei der Hausarbeit. Ich wollte mich so nützlich wie möglich machen, doch die Erschöpfung überkam mich immer wieder und ich schlief häufig sehr lang. Außerdem hatte ich einen großen Appetit. Nach den Jahren der Entbehrung aß ich ausnahmslos alles, was Tante Ludmila für mich zubereitete und bestrich mein Brot sogar von beiden Seiten mit Butter.

Einmal pro Woche buk Tante Ludmila Brot; sie knetete den Teig für fünf große, runde Laibe, die sie dann zu den Bäckern des Dorfes trug. Die Brotlaibe legte sie dort auf ein Blech, schob dieses in den Ofen und ging nach Hause, um mit der Hausarbeit fortzufahren. Etwas später holten Vlasta und ich das frisch gebackene Brot in einem großen Korb aus der Bäckerei und brachten es nach Hause. Ich erinnere mich, dass ich auf dem Nachhauseweg einmal ausrutschte und hinfiel. Zwei der gerade fertig gewordenen Brotlaibe fielen aus dem Korb auf den schlammigen Weg. Ich sammelte die dreckigen Brote ein, wusste aber nicht, was ich nun machen sollte und war sehr aufgebracht und verängstigt, da man das Brot nicht mehr essen konnte. Eine Nachbarin trat zur gleichen Zeit aus ihrer Haustür, sah mich dort mit den dreckigen Laiben Brot und fragte mich, was geschehen sei. Und dann fügte sie noch die Frage hinzu: »Bist Du nicht das Mädchen, das bei den Jahns lebt?« Sie drehte sich um, ging in ihr Haus zurück, kam wenige Momente später wieder und gab mir zwei neue Brote, die genau so aussahen wie die, die mir soeben aus dem Korb gefallen waren. »Hier, nimm die«, sagte sie und lächelte mich an, »und sei beim nächsten Mal vorsichtiger!« Ich fand es wundervoll und gleichzeitig eigentümlich, dass diese Menschen in Possigkau so liebevoll und freundlich mit mir umgingen, wo doch meine Familie, ich selbst und alle, die ich gekannt hatte, nur wenige Tage zuvor den schlimmsten Grausamkeiten und Demütigungen von Anderen ausgesetzt waren. Doch letztlich ist es eine banale Einsicht: Retter und Täter gehören ebenso wie ich zur gleichen Gattung.

Die meisten Abende verbrachte ich mit Vlasta und ihren Freunden. Ich war gern bei ihnen, vor allem wenn wir in der Umgebung des Dorfes oder auf den Feldern spazieren gingen, doch ich spürte immer, wie verschieden wir waren. Sie lachten über Sachen, die ich nicht lustig fand, und wurden sehr ernst bei Angelegenheiten, die mir überhaupt nicht wichtig vorkamen. Ich stellte fest, dass sich mein Leben grundsätzlich von allem, was sie erlebt hatten, oder auch nur von dem, was sie sich überhaupt vorstellen konnten, unterschied.

Eines Tages, es war bereits im Spätsommer, setzte sich Onkel Jahn zu mir und sagte, dass wir ein ernsthaftes Gespräch führen müssten. Er erklärte mir, dass das neue Schuljahr bald beginne und ich wieder zur Schule gehen müsse. Das traf mich völlig unvorbereitet und hörte sich eher kurios an. Nach allem, was ich durchlebt hatte, konnte ich mir nicht vorstellen, eine kleine Schülerin zu sein, die wieder in ihrer Schulbank saß und dem täglichen Unterricht folgte. Mir kam es so vor, als hätte ich jetzt sehr viel Zeit, die ich nicht in der Schule verbringen sollte. Dafür würde in der Zukunft noch genügend Raum sein.

Einige Zeit danach erzählte mir Onkel Jahn, dass er von einer Liste in Prag mit den Namen derjenigen, die den Krieg überlebt hatten, gehört habe, und die es Bekannten oder Verwandten ermöglichen solle, mit ihnen Kontakt aufzunehmen. Er meinte, dass auch ich meinen Namen dort verzeichnen lassen solle, da er durch meine Erzählung in dem Glauben war, mein Vater – Doktor Král – müsse nicht notwendigerweise ermordet worden sein, sondern könne vielleicht überlebt haben. Für den Fall, dass mein »Vater« mich auf der Liste suchen und ausfindig machen wolle, solle ich meinen Namen – Eva Králová – zu der Liste hinzufügen.

Ich konnte meine wahre Identität nun nicht mehr länger verbergen und musste diesen liebevollen Menschen, die mich gerettet und sich um mich gekümmert hatten, erklären, wer ich wirklich war. Ich musste ihnen mitteilen, dass ich ihnen aus Furcht, sie könnten mich aufgrund meiner jüdischen Herkunft hinausschmeißen, einen falschen Nachnamen genannt hatte. Onkel Jahn war darüber sehr aufgebracht: »Wie konntest du so etwas von uns denken!« Doch letztlich verstanden sie mich und fühlten sich nicht angegriffen; ihre liebenswerte Einstellung mir gegenüber änderte sich kein bisschen. Also schrieb Onkel Jahn an die Jüdische Gemeinde zu Prag und ließ mich dort mit meinem Namen – meinem richtigen Namen – als Kind, das gerettet worden war, verzeichnen. Ich hatte noch die schwache Hoffnung, dass mein Vater – mein richtiger Vater, nicht Doktor Král – am Leben sein und mich finden könnte.

ZURÜCK IN PRAG

Kurze Zeit, nachdem Onkel Jahn meinen Namen auf der Liste der Prager Jüdischen Gemeinde hatte verzeichnen lassen, bekamen wir Besuch von unserer Nachbarin. Wir aßen gerade zu Mittag. Sie erzählte uns, dass eine ihr unbekannte Frau im Dorf nach uns suche. Onkel Jahn ging hinaus und versuchte, sie zu finden. Diese Frau eröffnete ihm, dass sie meine Verwandte sei, nämlich die Ehefrau meines Onkels Ernst. Auf der Suche nach dem Namen ihres Mannes, der von den Deutschen im Krieg verschleppt worden war und von dem sie seither nichts mehr gehört hatte, hatte sie die Liste durchforstet. Als sie meinen Namen entdeckte, machte sie sich sofort auf, mich zu finden.

Onkel Ernst war der Bruder meiner Mutter. Von den drei Geschwistern – meiner Mutter und ihren zwei Brüdern – war er der Älteste. Als solcher erbte er die Schuhfabrik von seinem Vater, meinem Großvater. Onkel Ernst heiratete Vlasta, die Tochter des Dorfschullehrers. Sie war keine Jüdin, doch das hatte unsere Familie nie gestört; wir waren sehr aufgeschlossen und im Hinblick auf die religiösen Gebräuche überhaupt nicht streng. Dennoch war Tante Vlasta bei uns nicht sonderlich beliebt; sie schien eingebildet und stocksteif zu sein, und das mochten wir nicht. Onkel Ernst war ein freundlicher, praktisch veranlagter Mensch, der nicht viele Worte machte, aber einen ausgeprägten Geschäftssinn hatte. Er vergrößerte die Schuhfabrik und kümmerte sich aufmerksam um seine Angestellten, weswegen er in unserer Gegend sehr angesehen war. Onkel Ernst und Tante Vlasta hatten zwei Söhne, Thomas und Alexander. Als die Schuhfabrik vorankam, bauten sie sich auf dem Grundstück um Großvaters Haus eine Villa mit einem Schwimmbad. Als die Deutschen dann in die Tschechoslowakei einmarschierten, wurde Onkel Ernst klar, dass sein Leben, seine Familie und alles, was ihm kostbar war, in Gefahr geriet, weil er Jude war. Er befürchtete, dass dies aufgrund ihrer Ehe sogar für seine Frau, Tante Vlasta, die keine Jüdin war, eine Gefährdung bedeutete. Deswegen ließ er sich von ihr scheiden, tat dies jedoch nur, um sie zu retten und, so hoffte er, ihr die Möglichkeit zu geben, das gemeinsame Geschäft als Nichtjüdin weiter zu betreiben. Onkel Ernst versteckte sich in den Wäldern, die er seit seiner Kindheit sehr gut kannte. Der Schäfer aus dem Dorf kannte ihn und lebte auch in den Wäldern; er half ihm zu überleben und die beiden aßen Pflanzen und kleine Tiere, die sie gejagt hatten. Nach einiger Zeit kam Onkel Ernst auf dem großen und betriebsamen Hof eines Landwirtes aus dem nahegelegenen kleinen Dorf Setsch unter und half dort bei der Büroarbeit und der Buchhaltung. So war er wenigstens eine gewisse Zeit lang geschützt.

Doch ungefähr anderthalb Jahre nachdem mein Onkel sein Zuhause verlassen hatte, zeigte ihn jemand bei den deutschen Behörden an und die begannen, ihn zu suchen. Es gab keinen Ort, an den Onkel Ernst hätte fliehen können, deswegen tat er so, als wäre er ertrunken: Seine Kleidung und seine Ausweispapiere ließ er auf einer Bank an einem Teich in der Nähe des Dorfes zurück, sodass man annehmen musste, er hätte sich selbst umgebracht. Die Nazis wurden dadurch tatsächlich getäuscht und beendeten die Suche nach ihm.

Einige Zeit später mussten sie den Teich trocken legen und erinnerten sich daran, dass die Leiche von Onkel Ernst auf dem Grund liegen müsse. Als sie dort nichts fanden, bemerkten sie, dass sie ausgetrickst worden waren und begannen in den Wäldern erneut mit der Suche. Schließlich wurde mein Onkel entdeckt und in die berüchtigte Kleine Festung nach Theresienstadt gebracht, in der politische Aktivisten und andere ›unerwünschte Personen‹ unter furchtbaren Bedingungen eingesperrt waren. Nur wenige der Gefangenen dort erlebten die Befreiung. Doch Onkel Ernst war stark, und sein Gemüt wurde von den dortigen Bedingungen und dem, was ihm angetan wurde, nicht gebrochen. Er ermutigte andere Gefangene, machte mit ihnen täglich Leibesübungen und ermöglichte ihnen auf diese Art, einen letzten Rest ihrer Würde aufrechtzuerhalten. Die Wachen fühlten sich durch ein solches Verhalten beleidigt, ja bedroht, und verhielten sich ihm und all seinen Freunden gegenüber besonders grausam.

Wir hörten davon, als wir in Theresienstadt waren, jedoch erst anderthalb Jahre nach unserer Ankunft. Einer derjenigen, die im Ghetto Theresienstadt gelebt und in der Kleinen Festung gearbeitet hatten, schmuggelte einige Schnipsel Papier heraus und gab sie uns. Darauf hatte mein Onkel seine Lebenserinnerungen vom Moment der deutschen Besatzung an gekritzelt. Erst nach dem Krieg erfuhren wir, dass Onkel Ernst später in das berüchtigte Konzentrationslager Mauthausen geschickt und dort ermordet wurde. Ich fragte mich zu der Zeit sehr oft, warum die Nazis so dermaßen erpicht darauf waren, tatsächlich jeden einzelnen Juden zu vernichten.

Dies waren meine Gedanken, als ich Tante Vlasta nach dem Krieg zum ersten Mal in Possigkau wiedersah. Doch von diesem ersten Moment an spürte ich keine Herzlichkeit und keine Zuneigung zu ihr und wollte auf keinen Fall mit ihr gehen. Onkel Jahn sah das ganz anders. Er nahm mich mit in ein Nebenzimmer, um mit mir allein zu sprechen, und sagte, dass Tante Vlasta das Beste für mich wolle. Dann fügte er hinzu: »Wenn du später immer noch zurück möchtest, wirst du bei uns und in unserem Haus immer willkommen sein.« Das überzeugte mich.

Tante Ludmila packte meine Sachen und erneut hieß es für mich, auf Wiedersehen zu sagen. Onkel Jahn und Tante Ludmila waren mit mir und Vlasta zum Bahnhof gekommen, um Abschied zu nehmen. Ich konnte nicht sprechen; mir liefen Tränen über die Wangen. Schließlich weinte ich bitterlich, denn Bahnhöfe und Zugfahrten weckten in mir schreckliche Erinnerungen. Was passierte jetzt mit mir? Ich glaubte nicht, dass es etwas Gutes sei.

So kam ich also zurück nach Hermannstädtel – an jenen Ort, an den ich meine schönsten Kindheitserinnerungen mit Großmutter hatte. Meine Großmutter war vor dem Krieg, als ich fünf Jahre alt war, verstorben, und Tante Vlasta lebte nun in der neuen Villa, die Onkel Ernst neben Großmutters Haus gebaut hatte. Diese Villa hatte drei Etagen mit unzähligen Räumen. Ich folgte meiner Tante in das dritte Stockwerk hinauf in ein Schlafzimmer. In dem Zimmer befanden sich zwei Stühle, ein Tisch, ein Schrank und ein Bett, und es war kalt. Sie sagte, dass dies nunmehr mein Zimmer sei. Ich war so müde und fühlte mich so elendig, dass ich mich in meiner Kleidung aufs Bett legte und sofort einschlief. Am nächsten Morgen wachte ich früh auf und ging hinunter. Ich erinnere mich noch an das Knarren der Stufen. Zusammen mit ihren beiden Söhnen, Alexander und Thomas, saß Tante Vlasta schon in der Küche. Die Söhne waren bereits erwachsen; Alexander war 20 und Thomas 16 Jahre alt. Tante Vlasta schüttete mir eine Tasse Kaffee ein und erklärte mir, dass ich ab dem folgenden Tag mein Frühstück selbst bereiten müsse, da sie das Haus sehr früh verlassen und sich um ihre kranke Mutter kümmern müsse. Das war also meine ›freundliche Begrüßung‹.

Ich setzte mich an den Tisch, wusste aber nicht, was ich sagen sollte. Ich schaute meine Cousins an und bemerkte, dass sie mich ebenfalls verwundert anguckten. Dabei fühlte ich mich überhaupt nicht wohl, doch bald standen sie auf und verließen das Zimmer. Sie mussten für Prüfungen in der Schule lernen. Gleichzeitig ging auch Tante Vlasta aus dem Haus, ohne noch ein weiteres Wort mit mir zu wechseln. Allein gelassen in diesem großen Haus, wusste ich nichts mit mir anzufangen. Deswegen beschloss ich, die Villa von oben bis unten zu erkunden. Ich ging durch jeden Raum des Hauses und begann in der dritten Etage; schließlich gelangte ich in das Esszimmer, in dem ein großer Tisch mit zwölf schönen Stühlen stand. An einer Seite des Zimmers lag ein eingerollter Teppich und an der gegenüberliegenden Wand befand sich ein Bücherregal. Die Regalböden waren erstaunlicherweise staubig und ich fand dort den wundervollen Liebesroman *Vom Winde verweht.* Durch das Fenster konnte ich auf das Gemüsebeet und den Garten mit den Obstbäumen sehen. Reife rote Äpfel hingen dort und warteten nur auf mich; also schnappte ich mir das Buch, ging in den Garten und pflückte den größten roten Apfel des Baumes. Ich wollte gerade hineinbeißen, als mir einfiel, dass ich keine Vorderzähne hatte, weil sie mir doch im Lager ausgeschlagen worden waren. Und auf einen Schlag verlor ich die Lust auf Äpfel und Bücher.

Stattdessen ging ich auf einem kleinen Pfad zu Großmutters Haus. Die große Kastanie stand immer noch an ihrem Platz, aber die freundliche Elster aus meiner glücklichen Kindheit gab es nicht mehr. Ich überlegte, wo sie wohl nun ihr Nest gebaut hatte, ob sie gestorben oder gar umgebracht worden war, wie so viele meiner Freunde und Familienangehörigen.

Ich betrat Großmutters Haus. Zuerst dachte ich, es wäre niemand dort, doch als sich meine Augen an die Dunkelheit gewöhnt hatten, bemerkte ich in einem der oben gelegenen Zimmer eine alte Frau, die in einem Rollstuhl saß. Tante Vlasta stand neben ihr und mir wurde klar, dass die alte Dame ihre Mutter war. Durch die offen stehende Tür sah ich das Bett, in das mich Großmutter immer gebracht hatte, wenn ich zu Besuch kam. Es stand noch an derselben Stelle, doch es gab jetzt keine schmackhaften Äpfel auf dem Kleiderschrank und keinen wohligen Obstduft, an den ich mich so gut erinnerte. Tante Vlasta fragte mich, was ich wolle, worauf ich sie auf den Zahnarzt ansprach. Sie sagte mir, wo er wohnte, und ich beschloss, ihn sofort aufzusuchen. Ohne nachzudenken, ging ich die Treppe zur Werkstatt hoch. Großvater hatte sie als Abkürzung zur Werkstatt selbst angelegt. Mich umfing der Geruch von Leder; wahrscheinlich war es jedoch nur meine Erinnerung, wie es vor dem Krieg bei meinen Besuchen bei Großmutter gerochen hatte. Hinter mir auf der Treppe hörte ich Schritte und als ich mich danach umdrehte, erblickte ich ein lächelndes, mir wohlbekanntes Gesicht. War das etwa Joseph? Derselbe Joseph, der uns immer am Bahnhof mit der Kutsche abgeholt hatte? Er umarmte mich, hob mich hoch und sagte zu mir, dass ich nicht mehr wiege als zu der Zeit, als er mich als kleines Mädchen in Großmutters Haus getragen hatte. Er wollte mich nicht eher gehen lassen, bis ich ihm versprochen hatte, ihn und seine Familie zu besuchen.

Josephs Frau Anna und seine Tochter Boženka begrüßten mich stürmisch und begannen nach einigen aufregenden Minuten, den Tisch zu decken. Ich war ihr Gast, und Gästen gibt man das Beste, was man hat, deswegen holten sie alle Delikatessen und leckeren Speisen hervor, die sie im Haus hatten. Und dann begannen sie mich auszufragen. Sie wollten alles über die Geschehnisse, die meinen Eltern und mir während des Krieges zugestoßen waren, und wie ich überlebt hatte, wissen. Ihre Wissbegierigkeit war aufrichtig und ernsthaft, deswegen ließ ich mich nicht zwei Mal bitten, sondern begann sofort damit, ihnen meine Geschichte zu erzählen.

Noch am selben Tag ging ich zum Zahnarzt, der sich an meine Mutter erinnerte und mich sehr herzlich begrüßte. Vor dem Krieg war er über lange Jahre ihr Zahnarzt gewesen. Als alte Bekannte musste ich für die Behandlung nichts bezahlen und nach einigen Besuchen bei ihm war die Arbeit erledigt und er gab mir einen Spiegel, damit ich mich ansehen konnte. Ich hatte schon sehr lange Zeit nicht mehr in einen Spiegel geschaut und freute mich riesig, dass meine Haare wieder gewachsen waren und ich nunmehr zwei neue, weiße Zähne hatte. Es war wundervoll: Jetzt sah ich wieder wie ein Mädchen aus!

Einige Tage später brachte mich Tante Vlasta zur Anmeldung für die Schule. Die Schulleiterin war vor vielen Jahren die Lehrerin meiner Mutter gewesen und erzählte mir viel von ihr. Sie hoffte, dass ich genau so eine gute Schülerin wie meine Mutter sein würde. Doch diese Dinge über meine Mutter zu hören und mich daran zu erinnern, was mit ihr geschehen und wie sie gestorben war, ließ mich erneut weinen. Vor dem Krieg hatte ich die vierte Klasse besucht; jetzt jedoch sollte ich in die siebte Klasse kommen. Der Ablauf der normalen Schulstunden machte mir sehr zu schaffen. Mir kam das alles fremd und eigenartig vor. Obwohl meine Klassenkameraden viel besser in Mathematik, Grammatik und anderen Fächern als ich waren und den Stoff viel schneller und leichter lernten, kamen sie mir doch eher kindlich und unwissend im Hinblick auf so viele wichtige Dinge vor. Die Erfahrungen, die ich im Lager gemacht hatte, trennten mich von ihnen.

Meine einzige Freundin zu der Zeit war Boženka. Obwohl sie vier Jahre älter als ich war, fanden wir eine gemeinsame Sprache und verstanden uns sehr gut. Boženka und ich gingen zusammen zum *Sokol*, einem slawischen Sportverein, in dem wir uns mit anderen trafen, oder wanderten gemeinsam in der Umgebung des Dorfes. Meine glücklichsten Stunden verbrachte ich bei ihr, Joseph und Anna zu Hause, die sehr liebevoll mit mir umgingen. Ich habe es ihnen zu verdanken, dass ich wieder an Selbstbewusstsein gewann und erwiderte ihre Zuneigung. Tante Vlasta sagte manches Mal zu mir, dass es unhöflich wäre, ganze Tage »im Haus von Fremden« zu verbringen. Sie verstand nicht, was mich zu ihnen hinzog, und erklären konnte ich ihr nicht, dass ich im Haus von Joseph und Anna etwas fand, was sie mir nicht geben konnte.

Tante Vlasta hatte eine scharfe Zunge; ich erinnere mich bis heute noch gut daran, wie verletzend ihre Bemerkungen waren. Einmal entdeckte ich einen Riegel Schokolade auf dem Küchentisch. Die Versuchung war zu groß, sodass ich ein Stück abbrach und es aß. Tante Vlasta bemerkte das und schimpfte mit mir: »Wenn du weiterhin so viel Schokolade ist, werden dir noch mehr Zähne ausfallen.« Ich musste lachen, aber erzählte ihr dann, wie ich meine Zähne verloren hatte. Sie schaute mich eigenartig an und meinte: »Kind, mir drängt sich der Eindruck auf, dass du eine blühende Phantasie hast.« Nach dieser Bemerkung erzählte ich ihr nie mehr etwas von meinen Erfahrungen.

In meiner Freizeit streifte ich oft durch das Haus und suchte in den Zimmern und Schränken. Besonders neugierig war ich, was sich hinter einer speziellen verschlossenen Tür befand, bis ich es eines Tages wagte, sie zu öffnen. Dahinter befand sich eine Abstellkammer, deren Rollläden geschlossen waren. Es roch nach Staub. Langsam gewöhnten sich meine Augen an die Dunkelheit und ich erblickte alle möglichen, über den Boden verstreute Sachen: Werkzeuge, Spielsachen, Kinderbücher und Zeitungen.

In einer Ecke entdeckte ich ein Fotoalbum. Voller Aufregung schlug ich es auf, und plötzlich stand mein Herz still ... Aus einem der Bilder schauten mich mein Vater und meine Mutter an. Daneben war ein Foto von mir mit meiner Puppe Hanna und ein Bild von meinen Eltern und mir auf einem Ausflug. Mein Vater hatte seine Hosenbeine hochgekrempelt und sah mit dem Korb voller Wildpilze, die wir im Wald gesammelt hatten, sehr stolz aus. Ich blätterte die Seiten durch; es gab noch viel mehr Fotos. Mein gesamtes sorgenfreies früheres Leben lag aufgeblättert vor mir. Ich hatte einen Schatz gefunden, einen wirklichen Schatz. Neben dem Album lag die Puderdose von meiner Mutter, die mein Vater aus dem synthetischen Material hergestellt und ihr geschenkt hatte. Ich drückte das Fotoalbum und die Puderdose an mein Herz und rannte damit zurück in mein Zimmer. Als ich die Tür geschlossen hatte, schwelgte ich voll träumerischer Glückseligkeit in schönen Erinnerungen.

Unterdessen wuchs meine Abneigung gegen Tante Vlasta und ihre Familie. Eines Tages hörten wir beim Mittagessen die wunderschöne Melodie aus Beethovens *Neunter Symphonie* im Radio. Meine beiden Cousins wippten mit ihren Füßen im Takt und pfiffen zur Musik des Orchesters. Ich fragte sie, wie das Stück hieß und wer es komponiert hatte. Die Jungs schüttelten sich vor Lachen über mein musikalisches Nichtwissen. Ich war dermaßen verärgert über ihr Verhalten, dass ich keinen Bissen mehr herunterbrachte. Ich sprang auf, rannte in mein Zimmer und schloss die Tür hinter mir ab. Von hier wollte ich verschwinden! All die Jahre hatten meine Cousins in diesem schönen Haus gelebt. Und jetzt machten sie sich darüber lustig, dass ich in Auschwitz keine musikalische Ausbildung erhalten hatte! In dem Moment wünschte ich mir, dass sie wenigstens eine Woche lang die Erfahrung dieses furchtbaren Ortes gemacht hätten, damit sie einen Eindruck davon erhielten, was es hieß, jeden Tag in Todesgefahr zu verbringen.

Warum hatte Tante Vlasta mich nicht bei Onkel Jahn in Possigkau bleiben lassen? Ich wollte weg von hier – aber wohin? Boženka, Anna und Joseph vertraute ich meine Probleme an. Sie kannten Tante Vlasta gut genug, um sich vorzustellen, welches Leben ich bei ihr und ihren beiden Söhnen führte. Joseph wandte sich an die Jüdische Gemeinde zu Prag, erzählte meine Geschichte und erkundigte sich, ob es irgendeine Möglichkeit gab, mir zu helfen. Er kam mit guten Nachrichten zurück: In Prag gab es ein jüdisches Waisenhaus für Kinder, die den Krieg überlebt hatten, in dem ich mich anmelden könne. Darüber hinaus gewährte mir die Gemeinde eine Beihilfe von 200 Kronen bis zum Ende meiner Schulzeit.

Einige Wochen danach bat Joseph meine Tante um die Erlaubnis, mich mit Boženka nach Prag zu einem Zirkusbesuch mitzunehmen. Ich mochte den Zirkus, doch mindestens genauso wunderbar war es, überhaupt herauszukommen. Das war das erste Mal seit Kriegsende, dass ich irgendwohin mitgenommen wurde, nur um mich unterhalten zu lassen. Der Zirkus war jedoch gar nicht das Hauptziel unserer Reise: Nach der Aufführung gingen wir zur Jüdischen Gemeinde, wo ich alle Formulare zur Anmeldung ausfüllte und im jüdischen Waisenhaus angenommen wurde. Ich war überglücklich und kehrte voller Hoffnung und Aufregung in das Zimmer im Haus meiner Tante zurück. Jetzt wusste ich, dass es einen Ort gab, an den ich gehen konnte, einen besseren Platz, und am Ende des Schuljahres würde ich dorthin ziehen. Natürlich sorgte ich mich weiterhin um zahlreiche Dinge in der Zukunft. Ich hatte keine Ahnung, was aus mir werden oder wie ich leben sollte. Doch ich war mir sicher, dass das Schlimmste hinter mir lag. Während meiner 15 Lebensjahre hatte ich so viel Böses erfahren, dass die Zukunft nur besser als die Vergangenheit sein konnte.

Ich zählte die Tage bis zu meiner Abfahrt. In nur fünf Monaten würde für mich ein neues Leben beginnen – in Prag. Tante Vlasta erzählte ich nichts. Während dieser Monate des Wartens las ich viele Bücher: Dostojewskis *Schuld und Sühne*, Tolstois *Krieg und Frieden* und natürlich *Vom Winde verweht*. Häufig las ich lieber, als in die Schule zu gehen oder meine Hausaufgaben zu machen. Meine Schulleistungen waren dennoch recht gut, obwohl ich auch das Interesse an tschechischer Geschichte verloren hatte. Ich fühlte mich nicht länger als

Tschechin und konnte nur wenig Begeisterung für den Unterricht aufbringen. In der Schule wurde ich mit Nachsicht behandelt und nicht sonderlich unter Druck gesetzt. Zu meiner und vor allem Tante Vlastas Überraschung erhielt ich am Ende des Schuljahres ein mehr als zufriedenstellendes Zeugnis. Trotzdem dachte Tante Vlasta, dass ich meine Zeit mit Büchern verplempern würde und mahnte mich, mir so schnell wie möglich eine Arbeit zu suchen, damit ich nicht faul würde. Normalerweise wäre ich darüber sehr aufgebracht gewesen, doch ich wusste, dass ich am nächsten Tag gehen würde. Schließlich brach der große Tag an. Der Zug nach Prag fuhr um sechs Uhr abends ab, so dass mir noch fünf Stunden zum Packen blieben. Ich aß mit der Familie zu Mittag und hielt meine immer stärker werdende Aufregung vor ihnen geheim. Nach dem Essen verstaute ich meine wenigen Sachen in der kleinen Tasche, die mir Tante Ludmila bei meinem Aufbruch aus Possigkau gegeben hatte. Meine wertvollsten Schätze waren das Fotoalbum und die Puderdose meiner Mutter.

Es war an der Zeit, mich von Joseph und seiner Familie zu verabschieden. Anna übergab mir ein besonderes Geschenk: ein blaues Kleid mit einem Faltenrock, das für mich modisch der letzte Schrei war. Ich war ihr sehr dankbar und der Abschied sehr anrührend. Ich wollte sie bei der Umarmung gar nicht mehr loslassen, bis Joseph mir sagte, dass meine Ausstaffierung noch nicht vollständig sei. Er öffnete eine Kiste und nahm ein Paar wunderschöne weiße Sandalen heraus, die er für mich genäht hatte. Ich war so überwältigt, dass ich erneut zu weinen begann. Doch letztlich musste ich der Familie, die ich im Laufe der Zeit so lieb gewonnen hatte, Lebewohl sagen. Bevor ich mich auf den Weg machte, rang ich Joseph das Versprechen ab, mich bald in Prag zu besuchen. Zum letzten Mal kehrte ich in das Haus meiner Tante zurück. Vorsichtig und darauf bedacht, keine Geräusche zu machen, nahm ich meine Tasche und schlich die Treppe auf Zehenspitzen hinunter. Ich konnte hören, dass Tante Vlasta, Alexander und Thomas eine Auseinandersetzung hatten, doch das interessierte mich nicht mehr. In meinen neuen Sandalen schienen meine Füße wie von selbst zu laufen. Niemand hatte bemerkt, dass ich gegangen war, und ich rannte durch den Garten zur Straße. Ich hatte die 200 Kronen der Jüdischen Gemeinde in meiner Tasche und kaufte mir davon eine Fahrkarte – nur die Hinfahrt – nach Prag. Außerdem gönnte ich mir von dem Geld ein Eis, das ich an einem Eiswagen neben dem Bahnhof kaufte. Ich bestieg den Zug und setzte mich ans Fenster. Endlich trat ich eine Zugfahrt an, die ich auch wirklich antreten wollte. Jetzt, so viele Jahre später, blicke ich zurück und stelle fest, dass Tante Vlasta nicht so schlimm war, wie ich sie in Erinnerung hatte. Sie war einfach nicht in der Lage, sich vorzustellen, was ich durchgemacht und welche Auswirkungen all das auf mich gehabt hatte. Auch sie führte nach dem Krieg kein glückliches Leben. Die Kommunisten übernahmen die Werkstatt und ihre Villa, und sie musste fortan in nur noch einem der Zimmer leben. Thomas ist verstorben, doch mit Alexander stehe ich im Kontakt; wir sind mittlerweile gute Freunde.

ZU HAUSE HEIMATLOS

Um zehn Uhr abends kam ich in Prag an. Sogar zu dieser Uhrzeit waren der Bahnhof und die Straßen voller Leute. Ich fragte mich, wo diese Menschen alle hingingen. Offensichtlich schienen sie alle ein klares Ziel vor Augen zu haben. Nur ich war unsicher, wohin ich mich wenden sollte, obwohl dies doch die Stadt war, in der ich aufgewachsen war. Die Straßenbahnen rumpelten in allen Richtungen an mir vorbei und läuteten mit ihren Glocken, damit die Leute nicht auf den Gleisen stehenblieben. Auf einem Zettel hatte ich die Adresse notiert: Belgická-Straße 30, Prag 12. Nachdem ich einige Minuten ziellos umhergeirrt war, fand ich einen Polizisten, der mir erklärte, wie ich zum Waisenhaus gelangen konnte. Ich musste die Straßenbahnlinie *20* nehmen, und nach einer kurzen Wartezeit inmitten dieses lebhaften Treibens fuhr eine Bahn ein, die ich besteigen konnte. Durch die Fenster erblickte ich Straßen und Häuser, die mir schon bald bekannt vorkamen. Langsam kehrten die Erinnerungen zurück. Da war das große Museum, dass ich mit meinem Vater viele Male besucht hatte. Und hier war der Platz mit der Statue König Wenzeslaus, der mit einem Schwert in seiner Hand und einem Helm auf seinem Kopf bewehrt war und auf seinem Pferd saß. Dann überkamen mich mehr und mehr Erinnerungen. Seit fünf Jahren war ich nicht mehr an diesen Orten gewesen. Damals lebte ich glücklich mit meinem Vater und meiner Mutter. Straßen und Gebäude waren noch dieselben wie damals, aber mein Vater und meine Mutter waren tot, emordet von den Nazis. In solch düstere und traurige Gedanken versunken, verpasste ich fast meine Haltestelle. Ich erreichte das Waisenhaus, ein großes, braunes und hässliches Gebäude. Es war bereits spät, deswegen war das Tor geschlossen. Ich läutete die Glocke und wurde von einem schläfrigen Pförtner hereingelassen, ohne gefragt zu werden, wer ich sei. Nachdem ich die Treppe hinaufgestiegen war, gelangte ich in ein großes Zimmer mit einer Couch, einem Tisch und einigen Stühlen. An der Wand über dem Tisch hing ein Ölgemälde mit einer Meereslandschaft. Völlig ungläubig starrte ich auf das Bild, das in unserem Wohnzimmer gehangen hatte. Ich erinnerte mich haargenau an die Darstellung der gewaltigen Wellen und des sturmdurchtosten Himmels. Wie war dieses Gemälde hierhingekommen? Plötzlich überwältigten mich die Erinnerungen an die Fürsorge und Wärme des Zuhauses meiner Kindheit, und ich wäre zusammengebrochen, wenn nicht – völlig unbemerkt von mir – zwischenzeitlich eine Frau das Zimmer betreten hätte. Ich sollte nie herausfinden, wie unser Gemälde in das Waisenhaus gelangt war, und ich fragte auch nie danach. Das war alles ein Teil einer schrecklichen Vergangenheit, die ich nicht ausforschen wollte.

»Bist du Eva?«, fragte mich die Frau. »Mein Name ist Magda und ich leite das Waisenhaus.« Ich ging mit in ihr Büro, wo sie meine Daten aufnahm. Dann zeigte sie mir das Zimmer, das ich mit drei anderen Mädchen teilen sollte, mit Anka, Marta und Magda, einem ungarischen Mädchen. Sie lagen auf ihren Betten und lasen. Marta kam mir irgendwie bekannt vor und tatsächlich fanden wir später heraus, dass wir uns in Theresienstadt und auch in Auschwitz schon einmal getroffen hatten. Sie war eines von vier Kindern und hatte drei Brüder gehabt. Wie ich war sie die einzige Überlebende der Familie. Über unser Wiedersehen freuten wir uns beide sehr; wenigstens gab es für uns zwei nun irgendjemanden aus der Vergangenheit, den wir kannten. Sie machte im Kleiderschrank ein Regal für mich frei, half mir auszupacken und mein Bett herzurichten. Als wir schlafen gingen, war es fast Mitternacht. In dieser ersten Nacht in Prag schlief ich wie ein Murmeltier.

Im Waisenhaus lebten etwa 50 Kinder, die Mädchen im zweiten, die Jungen im ersten Stock. Viele traf ich erstmals am nächsten Morgen beim Frühstück. Fast alle waren älter als ich, doch eines hatten wir gemeinsam: Jeder war der letzte und einzige Überlebende seiner Familie. Wir hatten alle unaussprechbare Greuel durchlebt und bemühten uns deswegen in besonderer Art und Weise und so gut wir konnten, ein normales Leben im Waisenhaus zu führen.

Während ich in den Lagern war, hatte ich davon geträumt, wie es nach dem Krieg sein würde. Ich stellte mir vor, dass ich nach Prag, nach Hause zurückkehrte und alles wieder wunderbar wäre, so wie einst. Mir war natürlich bewusst, dass meine Mutter und mein Vater ermordet worden waren, doch ich stellte mir vor, dass sie zu Hause auf mich warteten. Ich träumte sogar davon, dass mein Kanarienvogel zurückgekehrt wäre. Aber es war überhaupt nicht so. Mir wurde klar, dass ich keine Eltern, keine Großeltern, keine Brüder oder Schwestern hatte; ich war buchstäblich allein auf der Welt. Hatten einstmals meine Eltern für alles gesorgt, was ich benötigte und mir kleine Geschenke gemacht und so das Leben ein wenig versüßt, so besaß ich nun fast kein Geld und sah keine Möglichkeit, etwas zu verdienen. Ich war arm und lebte von den Almosen anderer. Statt glücklich mit meinen liebevollen Eltern zu Hause zu leben, befand ich mich in einem dunklen Waisenhaus. Regelmäßig träumte ich dort davon, dass eine Ratte während meines Schlafes auf meinem Brustkorb saß und mich nicht atmen ließ. Ich war äußerst niedergeschlagen und es dauerte mehrere Monate, bis ich mich erholt hatte.

Schon nach dem ersten Frühstück hatte Marta mir den Vorschlag gemacht, mit ihr zur Schwesternschule zu gehen, wo sie sich für das kommende Schuljahr anmelden wollte. Da ich im Hinblick auf meine Zukunft keine besseren Pläne hatte, ließ ich mich von ihr überzeugen und meldete mich ebenfalls an. Auf unserem Rückweg von der Schule hielt ich vor jedem Schaufenster und an jeder Reklamewand an, so überwältigt war ich von dem riesigen Angebot an Kunst, Unterhaltung und Kultur, das die Stadt zu bieten hatte. Wir beschlossen, uns um Eintrittskarten für eine Aufführung der *Verkauften Braut* von Smetana an der Staatsoper zu kümmern. Ab dieser Zeit gingen wir fast jeden Tag ins Kino, ins Theater, ins Museum oder spazierten einfach stundenlang durch die Stadt. Nach dem, was wir beide durchgemacht hatten, wollten wir die Schulferien ausgiebig genießen. Nach einem Monat jedoch stellten wir fest, dass wir davon genug hatten. In der Stadt wurde es dann auch unangenehm heiß, und wir beschlossen, als nette Abwechslung aufs Land zu fahren.

Wir gingen in ein Dorf in der Nähe Prags, in dem ein Bekannter von Marta, ein Herr Fiala, einen Laden besaß. Über dem Laden hatte er seine Wohnung, die sehr angenehm nach Gewürzen und getrockneten Früchten duftete, was mich ein wenig an den wunderbaren Geruch der Äpfel im Schlafzimmer von Großmutters Haus erinnerte. Er hatte ein Zimmer für uns vorbereitet und freute sich, dass wir im Laden aushelfen wollten. Da er unverheiratet war und seine Schwester besuchen wollte, kam ihm unsere Anwesenheit zupass. Während er fort war, kümmerten wir uns um den Laden. Wir verhielten uns dabei so, als wenn der Laden uns gehörte. Das Obst schichteten wir zu einer Pyramide auf, um so Kunden anzulocken. Offensichtlich hatten wir damit Erfolg, denn der Laden war immer voll. Viele Kunden waren sehr neugierig und fragten uns aus; wie konnte es sein, dass »diese zwei jungen Mädchen, die durch die Hölle gegangen waren, immer noch in der Lage waren, zu lächeln«? Der Laden von Herrn Fiala war wie das Paradies. Dort gab es alles, was man sich auch nur im Entferntesten wünschen konnte, und immer, wenn wir Lust hatten, konnten wir uns etwas von den Leckereien aus den Vorräten nehmen. Man konnte sich keinen größeren Unterschied zu dem, was wir nur wenige Monate zuvor durchlebt hatten, vorstellen. Gegenüber von dem Laden befand sich der Dorfanger mit einem Ententeich. Marta und ich gingen dort schwimmen, was alle äußerst schockierend fanden. Niemals war jemand vorher mit den Enten schwimmen gewesen.

Zwei Tage vor Beginn des neuen Schuljahres kehrten wir braun gebrannt und erholt nach Prag zurück. Auf der Schwesternschule gab es praktische Arbeit im Krankenhaus und Lerneinheiten. Es gelang mir trotzdem, weiter interessante Bücher zu lesen. Ich lernte bald, mir meine Zeit zwischen Arbeit, Lesen, Lernen und Schlafen einzuteilen. Eines Tages suchte ich den Chemieingenieur auf, der die Erfindung meines Vaters – das Kunstharz – hatte patentieren lassen, da mein Vater durch die Deutschen daran gehindert worden war. Er erzählte mir, dass mein Vater und er kurz vor dem Krieg eine Werkstatt aufgebaut hätten, in der dieses Material produziert worden wäre. Während des Krieges hatte er die Werkstatt allein geleitet und nun, da mein Vater nicht zurückgekommen war, war er der alleinige Besitzer. Obwohl ich nicht danach gefragt hatte, übergab er mir einen Teil des Geldes, das er erhalten hatte und das in rechtlicher Hinsicht meinem Vater gehörte. Er bot mir auch Unterstützung bei meiner Ausbildung an. Ich bemerkte, dass der Teppich auf dem Fußboden seines Büros aus dem Esszimmer unseres Hauses stammte. Doch ich war nicht in der Lage, ihm zu sagen, dass ich ihn erkannt hatte, lehnte das Angebot dankend ab und ging. Ich wollte diesen Besuch vergessen und nicht über das nachdenken, was in der Vergangenheit passiert war.

DER ZAUBER EINES MORGENMANTELS

Eines Tages traf ich beim Warten auf die Straßenbahn eine Freundin meiner Mutter namens Herta. Sie sah noch immer genau so schön und frisch aus, wie ich sie aus der Vorkriegszeit in Erinnerung hatte. Herzlich und stürmisch umarmte sie mich und nahm mich sofort in ihre kleine Wohnung in der Nähe der Straßenbahnhaltestelle *Flora* mit. Dort sah es auf angenehme Weise chaotisch aus; Zeitungen und Zeitschriften lagen verstreut auf dem Fußboden und auf den Tischen und Stühlen befanden sich Aschenbecher, die vor Zigaretten überquollen, was darauf zurückzuführen war, dass Herta sich eine Zigarette nach der anderen ansteckte. Sie war durch den Krieg zur Kettenraucherin geworden. Ich setzte mich auf das Sofa, versank in den Kissen und begann Herta alles, was mir zugestoßen war, zu erzählen. Die Kissen waren sehr weich und einladend, doch als ich versuchte, mich etwas bequemer hinzusetzen und ein Kissen umlegte, entdeckte ich dahinter einen kleinen Kochtopf. Herta lachte und erklärte mir, dass sie früher am Tag Reis gekocht und den Topf in die Kissen gelegt hatte, um ihn bis zum Abend warmzuhalten. Sie hatte sich diese Methode, die wir alle immer in Theresienstadt angewandt hatten, zueigen gemacht. Während der nächsten zwei Jahre, bis zu dem Zeitpunkt, als ich Prag verließ, besuchte ich Herta regelmäßig. Sie brachte mir die Grundlagen der englischen Sprache bei und kochte mir Mittagessen, das ich immer in einem Topf versteckt unter den Kissen fand.

Herta war nicht der einzige Mensch aus meiner Vergangenheit, den ich in Prag traf. Im Jahr 1946 besuchte mich Maria, unsere Schneiderin, die ich zuletzt in den ersten Tagen des Winters 1941 in unserer Wohnung in Prag gesehen hatte, in dem Waisenhaus in der Belgická-Straße. Ich weiß bis heute nicht, wie sie mich ausfindig gemacht hatte, doch es war für mich eine große Überraschung. Sie nahm mich mit in ihre Wohnung im Prager Stadtbezirk *Pankrać*. Dort zerrte sie einen Koffer unter ihrem Bett hervor, und ich befand mich plötzlich wieder in meiner frühen Kindheit, in unserer Wohnung: In einer Ecke des Schlafzimmers meiner Eltern befand sich ein großer Koffer, in dem meine Mutter verschiedenste Stoffe und kleine Geheimpakete gelagert hatte. Der Koffer war immer verschlossen, außer zu drei Gelegenheiten im Jahr, wenn unsere Schneiderin Maria zum Anfertigen neuer Kleidung zu uns kam. Dann wurde der Koffer geöffnet und ich erblickte eine fantastische Ansammlung farbiger Schnüre und Bänder sowie Unterwäsche in einem zarten Rosaton, die mit meinen Initialen bestickt waren. Meine Mutter erklärte mir, dass dies meine Aussteuer sei – und jedes Mal, wenn Maria zu uns kam, kaufte sie bei ihr neue Stoffe, die Maria für mich und mein zukünftiges Leben zu Kleidungsstücken fertigte. Die Textilien wurden immer vom Laden eines Tuchhändlers, Herrn Richard Kraus, geliefert. Unsere beiden Familien waren miteinander befreundet und da Herr Kraus ein begabter Laienviolinist war und meine Mutter das Klavierspiel mochte, musizierten sie häufig zusammen. Man konnte die Musik im ganzen Haus hören, und oftmals schlief ich zu den Klängen von Mozart oder Chopin ein.

Vor dem Krieg hatte meine Mutter bei Herrn Kraus einen Morgenmantel gekauft, der sich ebenfalls in dem Koffer befand. Er war aus dunkelblauer Seide, hatte ein hellrotes Futter und blieb bis zum Winter 1941, dem Tag, als Maria uns zum letzten Mal besuchte, dort. Viele der im Koffer befindlichen Dinge gaben wir in Marias Obhut, darunter auch den schönen Morgenmantel. Jetzt ist mir die Vorahnung meiner Eltern bewusst, dass uns etwas Schreckliches zustoßen würde. Meine Mutter packte die schönen rosafarbigen Nachthemden und die Taschentücher mit meinen aufgestickten Initialen in einen kleinen Koffer. Als ich sie fragte, warum sie das tat, sagte sie: »Vielleicht wirst du das mit nach England nehmen.« Meine Eltern wollten mich nämlich eigentlich mit einem ›Kindertransport‹ nach Großbritannien schicken, damit wenigstens mir das schreckliche Schicksal erspart bliebe, das uns allen bevorstand. Doch ich war erst zehn Jahre alt und begann bei dem Gedanken, ohne sie nach England zu gehen, bitterlich zu weinen. Und so wurde auch diese Tasche Maria übergeben und lag während des gesamten Krieges unter ihrem Bett, bis Maria mich im Winter 1946 im Waisenhaus gefunden hatte.

Diesen Koffer, der so vieles aus meiner Vergangenheit enthielt, das meine Mutter für mich eingepackt und der fünf Jahre dort für mich gelegen hatte, öffnete Maria nun. Zuoberst lag der dunkelblaue Morgenmantel. Mir wurde kalt, und ich drückte mein Gesicht in die Seide und hatte plötzlich den angenehmen Duft meiner Mutter in der Nase. Es war zugleich furchtbar und wunderschön, von diesen ›Spuren‹ meiner Mutter aus den glücklichen Zeiten vor dem Krieg umgeben zu sein. Ich wollte Maria den Morgenmantel überlassen, doch sie bestand darauf, dass ich ihn mit ins Waisenhaus nähme. Dann holte sie andere Sachen hervor, die meine Mutter ihr anvertraut hatte: ein Essgeschirr, zwei kleine Teppiche aus meinem Schlafzimmer, Tischdecken und Servietten – alles Dinge, die damals ein ganz normaler Teil unseres Lebens waren. Maria sagte zu mir: »Nimm das alles! Es gehört jetzt dir. Ich habe während des Krieges nur für dich darauf aufgepasst.« Doch außer den beiden Teppichen und dem Morgenmantel konnte ich nichts mitnehmen. Es war zu schmerzhaft für mich, die Dinge auch nur anzusehen. Als ich zum Waisenhaus zurückkehrte, war erfreulicherweise niemand im Schlafraum. Ich zog mein Kleid aus und den Morgenmantel an, legte mich auf mein Bett und versuchte, etwas zu lesen. Doch im selben Moment betrat meine Zimmergenossin Magda den Raum. Als Ungarin war sie natürlich sehr leidenschaftlich und temperamentvoll. Als sie mich sah, riss sie ihre ohnehin schon großen Augen weit auf. »Wo kommt denn dieser tolle Morgenmantel her?« Ich erklärte ihr, was es damit auf sich hatte, worauf sie ein Foto von mir machte. Danach wollten alle Mädchen des Waisenhauses den Morgenmantel anprobieren und sich im Spiegel bewundern. Und vielleicht erinnerten uns unsere Spiegelbilder auf irgendeine Art und Weise an unsere vergangenen und verlorenen Leben.

Traurigerweise weiß ich nicht, was aus dem Morgenmantel geworden ist. Ich kann mich lediglich daran erinnern, dass ich ihn bei der Besetzung der Tschechoslowakei durch die Russen 1948 nicht mehr besaß.

Unterdessen stellte Maria einmal mehr ihre Fähigkeiten als Schneiderin unter Beweis und änderte einen Wintermantel, den meine Mutter ihr ursprünglich gegeben hatte, um ihn für mich passgerecht zu machen, so um, dass ein schönes warmes Winterkleid mit einem weißen Kragen daraus wurde; genau so hätte es meiner Mutter gefallen. Als ich mich damit im Spiegel anschaute, sah ich ein junges Mädchen aus der gehobenen Mittelklasse, doch es blickte mich von Sorgen gezeichnet und traurig an.

Kurz danach heiratete Maria und zog nach Nachod. Immer wenn ich an sie voller Zuneigung denke, denke ich auch an mein Kleid und meinen Mantel.

EIN NEUES LAND

Nachdem ich meine Ausbildung zur Krankenschwester beendet hatte, bekam ich eine Anstellung bei Doktor Neumann, dem Leiter einer Praxis für Venerologie, in der sexuell übertragbare Krankheiten behandelt wurden. Dessen Tochter kannte ich aus Theresienstadt, wo sie gestorben war. Auch seine Frau war verstorben, so dass die einzige noch lebende Verwandte seine zweite Tochter war, die ebenfalls Eva hieß. Seine Praxis befand sich in seiner Wohnung, war groß und hell, und ich fühlte mich dort sehr wohl. Penicillin war gerade erhältlich geworden und wurde zur Heilung von Geschlechtskrankheiten eingesetzt. In jener Zeit musste es tagsüber und nachts alle drei Stunden durch Injektionen verabreicht werden. Wegen der Soldaten und der Flüchtlinge kamen Geschlechtskrankheiten so unmittelbar nach dem Krieg sehr häufig vor. Daher hatte Doktor Neumann sehr viel zu tun. Da auch ich die Injektionen verabreichte, war ich ebenso viel beschäftigt und konnte mir dadurch einiges hinzuverdienen.

Während meiner Ausbildung zur Krankenschwester hatte ich in Prag viele neue und aufregende Dinge gelernt. Damals diskutierten und debattierten die jungen Leute darüber, wie eine bessere Welt nach dem furchtbaren Krieg aussehen könne. Eine dieser Überlegungen, die mich faszinierte, war der Zionismus: die Idee einer Heimstatt für das jüdische Volk. Dabei handelte es sich keineswegs um eine neuartige Ansicht, man sprach schon seit über fünfzig Jahren davon. Einige hatten es schon vor dem Einmarsch der Deutschen geschafft, aus der Tschechoslowakei nach Palästina auszuwandern. Palästina stand seit dem Ende des Ersten Weltkrieges unter britischem Mandat. Ich wollte wissen, was mit diesen Leuten damals geschehen war. Hatten sie überlebt? Und wenn ja, wie? War es ihnen wirklich möglich gewesen, einen jüdischen Staat aufzubauen? Schnell schloss ich mich einer Gruppe junger Männer und Frauen an, die von diesem Wunschbild inspiriert waren; wir trafen uns an jedem Freitagabend und führten endlose theoretische Diskussionen über einen möglichen jüdischen Staat. Besonders interessierte uns das Leben in den Kibbuzim, jenen gemeinschaftlich organisierten Siedlungen mit ihren Ideen von Gleichheit und Brüderlichkeit. Unter Anleitung von einem aus unserer Gruppe, der Hebräisch sprach, begannen wir alle, die Sprache zu erlernen.

In Prag hatte es eine jahrhundertealte jüdische Gemeinde gegeben, die sich vor allem im Bezirk *Josefstadt* befunden hatte. Sie war weitgehend selbstverwaltet, so dass die Josefstadt, wie alle Bezirke Prags, ein eigenes Rathaus hatte. Heute ist das Rathaus, das auf dem Ziffernblatt seiner Uhr hebräische Buchstaben anstelle von Zahlen trägt, eine touristische Attraktion: Da Hebräisch von rechts nach links geschrieben wird, laufen die Zeiger entgegen dem Uhrzeigersinn!

Wir kannten alle die Abstimmung bei den Vereinten Nationen, bei der am 29. November 1947 Palästina in einen jüdischen und einen arabischen Staat geteilt wurde. Deswegen versammelten wir uns am 14. Mai 1948 alle im Prager Jüdischen Rathaus und hörten der live übertragenen Verlesung der Unabhängigkeitserklärung des Staates Israel und der Rede David Ben-Gurions, des ersten Ministerpräsidenten des Landes, zu. Nach mehr als 2.000 Jahren und nach dem grauenhaftesten Krieg der Menschheitsgeschichte hatten wir wieder eine Heimat. Wir weinten, tanzten und sangen. Eine große Menschenmenge, Juden wie Nichtjuden, feierte diese Nacht; man hörte neben Tschechisch auch einige Leute Hebräisch sprechen. Unter den Feiernden befand sich ein sehr gut aussehender junger Mann, der mir bekannt vorkam und den ich schon einmal gesehen hatte. Es war Peter, unser früherer Betreuer aus Theresienstadt – derjenige, der vor so vielen Jahren die Kirschen unter seinem Hemd in das Lager geschmuggelt hatte. Als ich am nächsten Tag aus dem Krankenhaus in das Waisenhaus zurückkam, wartete dort ein Besucher auf mich: Peter. Er lud mich ins Kino ein. Von nun an trafen wir uns fast jeden Tag und verliebten uns bald ineinander. Am 6. Juni 1948, drei Wochen nach unserem ersten Treffen in Prag an jenem unglaublichen Abend, schrieb Peter einen Brief an seinen Bruder Paul, der vor dem Krieg aus der Tschechoslowakei nach Palästina ausgewandert war und jetzt in Haifa lebte:

»Prag, den 16. Juni 1948

Lieber Paul,

ich möchte dir heute mitteilen, dass ich mich in ein Mädchen verliebt habe und vorhabe, zu heiraten. Sie heißt Eva Löwidtova und stammt aus einer sehr angesehenen tschechisch-jüdischen Familie. Ihr Vater war Chemieingenieur und besaß eine kleine Fabrik in Prag.
Eva war in vielen Konzentrationslagern und hat ihre Eltern verloren. Es ist ihr sehr schlecht gegangen, und ich weiß nicht, wie es ihr gelungen ist, diese schreckliche Zeit zu überleben, aber sie hat es geschafft. Sie ist sehr jung und sehr hübsch, und ich bin mir sicher, du wirst sie mögen. Sie arbeitet als Krankenschwester in der Praxis eines sehr bekannten Arztes hier in Prag. Ich bin mir sicher, die richtige Entscheidung getroffen zu haben.
Ich hatte sie als Kind kurz kennengelernt, als wir beide in Theresienstadt waren – jetzt haben wir uns in der jüdischen Gemeinde, als wir die Ausrufung der Unabhängigkeit des Staates Israel gefeiert haben, wieder getroffen.
Wir standen beide dort und hörten Ben-Gurions Rede.
Bestell der ganzen Familie liebe Grüße und richte ihnen aus, dass wir hoffen, euch bald wiederzusehen.

Peter«

Ich erfuhr zunächst nichts von diesem Brief, doch kurz nach dem 16. Juni kam ich nach der Arbeit für Doktor Neumann zum Waisenhaus zurück und stellte fest, dass meine gesamte Kleidung und alles, was mir gehörte, verschwunden war. Das einzige, was ich vorfand, war eine Nachricht von Peter. Darin teilte er mir mit, dass er meine Sachen gepackt und in seine Wohnung gebracht hatte; ich solle dorthin kommen und mit ihm zusammenziehen. Der Schlüssel, schrieb er, sei unter der Matte der Eingangstür. Also zog ich zu ihm, und wir lebten fortan glücklich zusammen.

Das Prager Waisenhaus hatte über mehrere Monate versucht, Haushalte zu finden, die die Mädchen aufnehmen könnten. Wir mussten dazu alle unsere Lebensgeschichte aufschreiben, wer wir waren, aus welchen Familien wir kamen, was uns widerfahren war und so weiter. Es wurden Fotos von uns gemacht, die zusammen mit unseren Angaben an jüdische Familien in Amerika, England, Australien, Kanada und in einige andere Länder geschickt wurden – in der Hoffnung, dass jemand bereit sei, uns zu adoptieren. Ich hatte Glück. Eine australische Familie mochte mein Foto und willigte ein, mich aufzunehmen. So erhielt ich die Bewilligung zur Einreise nach Australien. Dadurch wiederum war es mir möglich, das notwendige Ausreisevisum der Tschechoslowakei zu bekommen.

Die Fahrtkosten nach Australien wurden von einer französisch-jüdischen Hilfsorganisation, die Hunderte von Flüchtlingskindern während des Zweiten Weltkrieges gerettet hatte, dem ›Oeuvre de Secours aux Enfants‹ (OSE), übernommen. OSE ist ein weltweit tätiges jüdisches Kinderhilfswerk, das 1912 in Russland gegründet und 1933 nach Frankreich überführt worden war. Sie war das französische Gegenstück zum Waisenhaus in Prag. Doch kurz nachdem ich mit Peter zusammen gezogen war, wurde ich schwanger und wir beschlossen sodann, dass wir lieber gemeinsam nach Israel auswandern und dort, in einem neuen Land – unserem Land –, ein neues Leben beginnen wollten. Es kam mir wie ein Traum vor, ein wunderbarer Traum nach Jahren voller Albträume. Die eigentliche Entscheidung, nach Palästina zu gehen, trafen wir jedoch auf eine etwas verquere Weise: Wir hatten zunächst überlegt, nach Australien zu ziehen und meine Fahrkarte zu nutzen, deswegen bewarb sich Peter um ein Einreisevisum. Alles schien gut zu laufen, bis er ein letztes Formular ausfüllen musste, in dem er unter anderem nach seiner Religion gefragt wurde. Selbstverständlich trug er dort »jüdisch« ein, was jedoch dazu führte, dass sich die Bearbeitung seines Antrages mit einem Mal deutlich verlangsamte. Das entmutigte uns sehr. Verärgert begann Peter schließlich, eine Patience zu legen, und sagte, dass er auf die Bewilligung nach Australien auszureisen nur dann wartete, wenn die Patience aufging. Wenn nicht, dann gingen wir nach Palästina. Wenig später schmiss er die Karten auf den Boden und verkündete unsere Ausreise nach Palästina. Doch es dauerte mehrere Monate, bis wir alle Unterlagen mit den erforderlichen Stempeln und eidesstattlichen Erklärungen, die zur Beantragung einer Ausreisebewilligung aus der Tschechoslowakischen Republik nötig waren, beisammen hatten. Zu dem Zeitpunkt hatten die Kommunisten die Regierung übernommen, sodass ein enormer bürokratischer Aufwand betrieben werden musste. Zu den vielen Dokumenten, die verlangt wurden, gehörte eine Einreiseerlaubnis eines weiteren Landes, was normalerweise nicht einfach und in den meisten Fällen sogar unmöglich war.

Ich hatte also alle Maßnahmen zur Ausreise aus der Tschechoslowakei getroffen, doch Peter wartete immer noch auf seine Unterlagen. Wir wussten, dass der guatemaltekische Konsul eine Bescheinigung für sein Land gegen eine Gebühr ausstellte. Dieses ›Visum‹ wäre ausreichend gewesen, um die Tschechoslowakei zu verlassen, hätte uns jedoch nicht die tatsächliche Einreise nach Guatemala erlaubt. Der Konsul sagte zu Peter, dass er uns die entsprechenden Unterlagen gern gebe, aber die Gebühr von 100 US-Dollar überstieg unsere Möglichkeiten. Peter konnte ihn nicht dazu überreden, den Betrag herabzusetzen, deswegen schienen unsere Pläne von einem glücklichen Eheleben in Israel zum Scheitern verurteilt zu sein, noch bevor wir überhaupt angefangen hatten. Er schlug mir vor, dass ich den Konsul aufsuchen solle, weil ein hübsches Mädchen vielleicht mehr Überzeugungskraft besitze. Doch auch mir gegenüber blieb er dabei, dass er den Preis nicht verringern könne. Ich versuchte alles, doch vergeblich. Letztlich war ich so verzweifelt und enttäuscht, dass ich in Tränen ausbrach, aber auch das half nichts. Also nahm ich mich zusammen, putzte mir die Nase und holte die Puderdose meiner Mutter, die sie von meinem Vater geschenkt bekommen hatte, hervor, um mich vor dem Verlassen des Büros zurechtzumachen. Der Konsul schaute mich erstaunt an und fragte, woher ich diese Dose habe. Ich erklärte ihm, dass mein Vater Chemiker gewesen sei und mit neuen Materialien experimentiert habe. In dem Zusammenhang hätte er die Dose für meine Mutter gefertigt. »Hieß er Jindrich Löwidt?«, fragte er. »Er war ein guter Freund in der Armee und gab mir ein Zigarettenetui aus eigener Herstellung«, sagte er und holte aus seiner Jackentasche das Etui, das ihm mein Vater gegeben hatte. Und dadurch erhielt ich schließlich Peters Visum für Guatemala.

Schließlich begann der lang ersehnte Tag, an dem wir früh am Morgen – es war der 30. Juli 1948 – aus dem Prager Hauptbahnhof Richtung Paris losfuhren. Unser gesamtes Hab und Gut hatten wir in einen kleinen Koffer gepackt. Diesen Koffer umgab eine interessante Geschichte: Peters Vater hatte ihn 1918 nach Beendigung des Ersten Weltkrieges gekauft, kurz nach seiner Rückkehr aus einem Kriegsgefangenenlager in Italien. Bevor seine Mutter mit ihm von den Nazis 1939 aus ihrem Haus abgeholt und deportiert wurde, hatte sie ihr wichtige Kleidung und Wäsche hineingepackt und den Koffer in die Obhut nichtjüdischer Freunde gegeben. Tatsächlich übergaben diese Leute Peter den Koffer mitsamt Inhalt nach dem Krieg. Wir packten so viel ein, wie wir konnten, legten zuletzt eine tschechische Flagge obenauf und verschlossen den Koffer. Die Tschechoslowakei hatte 1938, nach dem berüchtigten Münchner Abkommen, gewissermaßen aufgehört zu existieren und war jetzt, 1948, Teil des kommunistischen Blocks. Doch Peter und ich erinnerten uns an eine Tschechoslowakei, wie sie vor dem Krieg gewesen war, als freien und glücklichen Ort, und waren deswegen entschlossen, diese Erinnerung mitzunehmen. Ich habe diesen Koffer noch immer; er steht stumm in einer Ecke unseres Gästezimmers – wie ein alter Gefährte, der schon immer zu unserer Familie gehört. Beim Verlassen des Landes wurde unser Gepäck von einem Grenzbeamten durchsucht, der kontrollierte, ob wir Dinge herausschmuggeln wollten. Als er die Fahne sah, traten ihm genau so wie uns Tränen in die Augen.

Doch die Aufregung, die Grenze zu überschreiten und unsere lange Reise anzutreten, überwog schnell jedes Gefühl von Heimweh zu einem Zuhause, das ohnehin für immer verloren war. In Paris meldeten wir uns erneut beim OSE. Ich erklärte der Verantwortlichen, Madame Mazur, dass ich nicht zur Adoption nach Australien gehen könne, da Peter und ich heiraten und nach Israel wollten. Sie war sehr verständnisvoll. Vielleicht stimmen die Geschichten ja doch, dass alle Franzosen romantisch veranlagt sind. Auf jeden Fall traf sie die Vorbereitungen für unsere Hochzeit, und am 31. Oktober 1948 wurden Peter und ich im dortigen Rathaus durch den Bürgermeister und mit mehreren unserer tschechischen Flüchtlingsfreunde als Trauzeugen verheiratet. Unser spärliches Französisch reichte aus, um an der richtigen Stelle »oui« zu sagen und uns zu küssen. Einer unserer Freunde besaß eine neue ›Leica‹ und machte viele Aufnahmen. Leider vergaß er, den Objektivdeckel abzunehmen, sodass aus den Fotos nichts wurde. Doch trotz fehlender Fotos waren wir nun verheiratet und aus Eva Löwidtová oder Králová war Eva Erben geworden. So ist es bis heute geblieben.

Als wir 1988 unsere Rubinhochzeit feierten, gingen wir zurück zu jener ›Mairie‹ in Paris, wo wir einst geheiratet hatten. Wir trafen den Bürgermeister, der unsere Geschichte sehr interessant fand, und sahen uns den Eintrag im Eheregister an. Diesmal hatten wir zur Sicherheit einen Fotografen mitgenommen.

Die offiziellen Unterlagen, durch die mir die Ausreise aus der Tschechoslowakei möglich geworden war, brauchte ich nun nicht mehr und verkaufte sie, um Geld für die Schiffsreise nach Israel zu bekommen. Wir hatten eine Kabine zweiter Klasse auf dem Schiff *Kedma*, das Marseille am 6. Februar 1949 verlassen sollte. In Paris wohnten wir in dem sehr einfachen und billigen *Hotel de Suez* auf dem ›Boulevard de Strasbourg‹. Meist waren dort junge Frauen, die ich sehr mochte. Sie brachten mir ein wenig Französisch bei und jede von ihnen hatten eine Geschichte davon zu erzählen, wie sie nach Paris gekommen war. Eines Abends kamen Peter und ich aus dem nahegelegenen Kino zurück, als ich mehrere von ihnen am Straßenrand stehen sah. Ich wollte zu ihnen gehen und sie begrüßen, doch Peter hielt mich auf. Er erklärte mir, dass sie arbeiteten und währenddessen bestimmt nicht gerne mit einem verheirateten Paar gesehen werden wollten.

Auch wenn wir in einem billigen Hotel wohnten, brauchten wir für den Aufenthalt in Paris Geld. Aufgrund einer trickreichen Planung in Prag hatten wir es geschafft, ein wenig Geld aus der Tschechoslowakei herauszubekommen, und zwar – kaum zu glauben – wegen ein paar toter Insekten und eines Mitgliedes der früheren österreichisch-ungarischen Königsfamilie: Denn es war unmöglich, Geld oder irgendwelche Dinge ohne offizielle Erlaubnis aus der Tschechoslowakei auszuführen – und eine solche Erlaubnis bekam eigentlich niemand. Peter hatte noch einige amerikanische Dollar, die Währung, die überall dort eingesetzt wurde, wo man etwas kaufen oder verkaufen wollte, das nicht offiziell erhältlich war. Der Dollar war die übliche Schwarzmarktwährung jener Zeit. Ein Freund von Peter hatte Verbindung zu einer Werkstatt in Berlin, die spezielle Nadeln herstellte, mit deren Hilfe man entomologische Sammlungsstücke – also zum Beispiel Käfer und Schmetterlinge – in Museen ausstellt. Diese Werkstatt war durch Bombenangriffe während des Krieges zerstört worden; der einzige andere Ort, an dem diese Nadeln hergestellt wurden, war eine kleine Fabrik in der Tschechoslowakei. Peters Freund schlug ihm vor, dass er einige Nadeln kaufen und sie in Paris dem Baron von Breuning, der dort in einem Museum arbeitete, verkaufen solle. Den Kontakt zu dem Baron würde der Freund herstellen. Die Schwierigkeiten begannen mit der Ausfuhr der Nadeln. Hier konnte ich aushelfen. In der Praxis für Venerologie, in der ich gearbeitet hatte, gab es einen Patienten, der eine relativ wichtige Person in der Regierung war und uns eine Erlaubnis beschaffen konnte, die Nadeln als Warenmuster ohne Verkaufswert auszuführen. Ich glaube, dass er befürchtete, ich würde jedem von seiner Krankheit erzählen, wenn er mir nicht half. Also schickten wir die Nadeln zu Freunden nach Paris und erhielten sie nach unserer Ankunft von ihnen zurück. Schließlich verkauften wir sie Baron von Breuning, einem sehr freundlichen Herrn, der uns seine Ehefrau Marta vorstellte. Wir freundeten uns sehr schnell an; der Baron bot an, uns Geld zu leihen, damit wir uns ein Haus in Paris kaufen und dort dauerhaft wohnen konnten. Doch wir wollten nach Israel.

Am 5. Februar verließen wir Paris, denn unser Schiff legte am folgenden Tag ab. Wir kamen in Marseille an, einem großen und wichtigen Hafen am Mittelmeer. Unser Gepäck ließen wir zunächst am Bahnhof und gingen zum Schifffahrtsbüro, wo wir jedoch erfuhren, dass die *Kedma* schon abgefahren war. Niemand hatte uns mitgeteilt, dass der Abfahrtstermin um einen Tag vorgezogen worden war. So erhielten wir eine Reservierung für das nächste Schiff, die *Transylvania,* die am 5. März auslaufen sollte. Einen Monat hatten wir nun zu überbrücken. Einer der Mitarbeiter des Schifffahrtsbüros erklärte uns, dass es ein Flüchtlingslager in Bandol, ein Stück von Marseille die Küste entlang gelegen, gab, wo wir Unterkunft finden könnten, doch wir beschlossen, über Nacht in der Stadt zu bleiben und erst am nächsten Tag dorthin zu gehen. Als wir unseren Koffer wieder abholten, erwartete uns die nächste Überraschung – diesmal allerdings eine schöne: Auf unserem Koffer lag ein Strauß Mimosen. Die Eisenbahn schenkte jedem als Willkommensgruß der Mittelmeerküste solche Blumen. Mimosen waren die Lieblingsblumen meiner Mutter und im beginnenden Frühling war unser Haus immer voll davon gewesen. In jener Nacht träumte ich einen wunderschönen Traum von meiner Mutter und den Mimosen.

Wir nahmen den Bus nach Bandol und erblickten bald das Lager, das von Stacheldraht umzäunt war. Peter ging hinein und schaute sich alles kurz an, kam zurück und sagte, dass wir trotz unseres Geldmangels an einem solchen Ort nicht blieben. Ein Fischer aus der Gegend willigte schließlich ein, uns ein Zimmer mit rosafarbenen Vorhängen in seinem kleinen Haus an der Küste zu vermieten. Am ersten Abend kochte der Fischer eine Fischsuppe, die für die Gegend typisch war, eine ›Bouillabaisse‹. Ich habe seitdem oftmals eine Bouillabaisse gegessen, doch sie hat mir nie mehr so gut geschmeckt wie an jenem Abend. Während des einmonatigen Aufenthaltes in Bandol fuhren wir mit dem Zug nach Monte Carlo, nach Nizza und Cannes; ich tat so, als wäre dies unsere Hochzeitsreise. Wenn ich heute erzähle, wir hätten in Paris geheiratet und unsere Hochzeitsreise an die Côte d'Azur gemacht, vermutet man, dass das ganz großartig gewesen sein müsse.

Nach Marseille zurückgekehrt, bestiegen wir die *Transylvania,* die uns nach Israel bringen sollte. Aber so wie wahre Liebe manchmal verschlungene Wege geht und stürmische Zeiten durchläuft, so verhielt es sich auch mit unserer Überfahrt. Am dritten Tag brach in der Nähe der griechischen Inseln ein furchtbarer Sturm aus. Das Schiff wurde in den aufgepeitschten Wellen hin und her geworfen. Riesige Wassermassen ergossen sich über das Deck, sodass wir große Angst hatten, dass unser Eheleben abrupt beendet sein würde und wir untergehen würden. Ich war bereits schwanger und in einem solchen Sturm seekrank zu werden, war für mich deswegen furchtbar. In unserer Kabine lag ich in meiner Koje; der Seegang war so stark, dass Peter mich aus Angst, ich könnte aus der Koje auf den Boden geschleudert werden, mit seinen Krawatten am Bett festband – da er immer sehr auf sein Aussehen geachtet hatte, besaß er sehr viele Krawatten. Voller Verzweiflung begann ich zu beten und fragte Gott, ob er mich Auschwitz, den ›Todesmarsch‹ und die ganzen Schrecken des Krieges hatte überleben lassen, nur um mich und mein ungeborenes Kind nun bei einem Schiffsunglück umzubringen. Schließlich ging alles gut, der Sturm flaute ab, das Meer beruhigte sich nach einigen Stunden, der Himmel hellte sich wieder auf und die Sonne schien. An Bord war ein Gynäkologe, der ebenfalls nach Israel auswanderte und sich um mich kümmerte. Er war sich sicher, dass es mir gut ergehen würde. Nach acht Tagen auf See erblickten wir endlich am 13. März 1949 die Bucht von Haifa. Während das Schiff langsam in den Hafen einlief, betraten alle Passagiere das Deck und starrten voller Verwunderung auf die wunderschöne Stadt, die zu Füßen des Karmel lag. Unser Traum war endlich Wirklichkeit geworden.

Peter stand neben mir; er legte seine Hand auf mein Bäuchlein, auf unser ungeborenes Baby, und flüsterte mir ins Ohr: »Hier in Israel werde ich uns ein kleines Haus bauen. Es wird von einem Garten umgeben sein, in dem all die Blumen blühen, die du so gerne magst. Und in diesem Haus werden wir unsere Kinder großziehen und sie werden niemals solche Schrecken und solches Leid, wie wir es durchstehen mussten, erfahren.«

Dann verließen wir das Schiff und hatten wieder festen Boden unter den Füßen. Wir waren von vielen Menschen umgeben, die hierhin und dorthin liefen und sich in den verschiedensten Sprachen miteinander unterhielten. Nicht nur der Lärm und das Durcheinander überwältigten mich bei der Ankunft, es wehte zudem auch noch der ›Chamsin‹, ein heißer, trockener und grimmiger Wind, der feinen Staub und Sand aufwirbelt und sich in Augen, Nase, Mund und allen möglichen Körperteilen festsetzt. Ich hatte mir in Prag in einem der besten Läden, bei *Ascot*, ein besonderes dunkelblaues Strickkleid für unsere Hochzeit und den Beginn unseres neuen Lebens gekauft. Doch als ich am Hafen von Haifa stand, wollte ich es zerreißen und ins Meer schmeißen. Mir war darin unerträglich heiß. So also sah der ›warme‹ Willkommensgruß in Israel aus. Als wir uns nach dieser ganzen Aufregung wieder beruhigt hatten, nahmen wir trotz der hohen Kosten ein Taxi und fuhren zu Peters jüngerem Bruder Paul, der bereits in Haifa lebte. Um ihn dem Zugriff der Nazis zu entziehen, hatten Peters Eltern Paul als 16-Jährigen 1939 nach Palästina geschickt. Geplant war, dass Peter ihm folgen würde, doch nachdem der Vater gestorben war, hatte Peter die Mutter nicht allein zu Hause lassen wollen. Und dann war es zu spät. Paul hatte uns nach Prag geschrieben, dass er eine kleine Wohnung in Haifa habe und wir dort bei ihm bleiben könnten. Die Brüder hatten sich seit zehn Jahren nicht gesehen und waren die einzigen übriggebliebenen näheren Verwandten, deswegen war die Aufregung und Vorfreude während der Taxifahrt unermesslich groß. Während Peter also voller Unruhe im Auto saß und es nicht erwarten konnte, Paul wiederzusehen, betrachtete ich fasziniert die neue, fremdartige Umgebung, durch die wir fuhren. Und ich war alles andere als beeindruckt! Alles war staubtrocken und sah bräunlich aus, nichts Grünes konnte ich entdecken, und die Aufdrucke auf den Plakaten, die ich natürlich nicht lesen konnte, sahen wie Vogelspuren aus. Ich war mir sicher, dass ich all das niemals verstehen würde. Nach der Ankunft fielen sich Peter und Paul in die Arme. Wir alle weinten. Es war ein Tag der Tränen.

Nachdem wir uns ein wenig eingewöhnt hatten, merkten wir, dass das Leben dort nicht perfekt war. Die ›Wohnung‹ war eigentlich nur eine zehn Quadratmeter große Hütte. In einer Ecke stand ein eisernes Bettgestell unter einem kleinen Fenster, vor dem ein Orangenbaum stand. Außerdem gab es einen Holztisch, zwei Stühle und eine Bücherwand. Auf der gegenüberliegenden Seite des Zimmers waren ein paar Nägel in die Wand geschlagen, die einige Bretter hielten: Das war die Garderobe. Die Toilette war draußen; man musste an dem Orangenbaum vorbei, um zu ihr zu gelangen. Wenigstens war sie sauber. Wasser bezogen wir aus einem Brunnen, der gleichzeitig als Badezimmer diente – im Freien. Der Himmel war strahlend blau und die Sonne schien von morgens bis abends.

In dieser ersten Nacht überließen Peter und Paul mir das Bett mit der Strohmatratze und schliefen auf dem Boden. Ich lag dort, legte meine Hände auf meinen Bauch, in dem mein Baby langsam größer wurde und ohne zu wissen, was um es herum vor sich ging, freudig mit den Beinen strampelte. Ich musste erneut weinen. Als Beginn eines neuen Lebens im Gelobten Land war das alles nicht sonderlich vielversprechend. Dies sollte doch ein Schlaraffenland sein, aber das einzige, was es dort in Hülle und Fülle gab, waren arme Neueinwanderer wie wir, die meistens in Zelten leben mussten. Weite Landstriche waren unkultiviert, lagen verlassen, mussten bewässert und bewirtschaftet werden. Der Boden wurde tatsächlich wieder tragfähig, denn Menschen, die kurze Zeit vorher um ihr nacktes Überleben in den Konzentrationslagern der Nazis gekämpft hatten, krempelten sich die Ärmel hoch und begannen damit, das Land erblühen zu lassen.

Als meine Wehen einsetzten, nahm ich den Bus zur Klinik. Es war ein sehr glücklicher Zufall, dass ›mein‹ Gynäkologe von dem Schiff auch in diesem Bus fuhr, mich zum Krankenhaus begleitete und so sein Versprechen, sich um mich zu kümmern, wahr machte. Und in dieser Phase des Aufbruchs wurde am 1. Mai 1949, am Tag der Arbeit, unsere Tochter Daniela in Haifa geboren. Sie war ein gesundes, kräftiges und unkompliziertes Kind. Ich konnte ihr die Brust geben und mich Tag und Nacht um sie kümmern. Wie das Land um sie herum, gedieh sie prächtig. Einige Tage später mieteten wir von einer Familie, die vor längerer Zeit dorthin gezogen war, ein Zimmer in einem Vorort von Haifa. Die Küche, Töpfe und Pfannen teilten wir uns, was ein hohes Maß an Selbstdisziplin und Humor erforderte, um Streitigkeiten zu vermeiden. Peter bekam Arbeit in der Werft von Haifa; es war ein erhebendes Gefühl, als er seinen ersten Lohn nach Hause brachte: 70 Israelische Pfund. Es war in unserer neuen ›Wohnung‹, in unserem neuen Land und mit unserem ersten Baby unser erstes selbstverdientes Geld. Wir bekamen von irgendjemandem eine alte Krippe für Daniela und besaßen zwei eiserne Bettgestelle, die jeder neue Einwanderer von der ›Jewish Agency‹ erhalten hatte. Dazu gehörten zwei graue Armeedecken, die uns OSE in Paris als Hochzeitsgeschenk übergeben hatte. Unser Koffer stand auf vier Ziegelsteinen, war mit einem Tuch bedeckt und diente als Tisch. Von seinem ersten Lohn kaufte Peter bei einem dort ansässigen arabischen Händler zwei Stühle, sodass wir langsam begannen, ein normales Leben zu führen, wenn auch auf einem sehr niedrigen Niveau.

Wir hatten immer Besuch, entweder von Peters weit verstreuter Familie oder von neuen Freunden. Unser Baby hatte damit viel zu tun, denn jeder wollte Daniela sehen und auf dem Arm tragen; alle sagten ihr, wie die gute Fee im Märchen, eine rosige Zukunft voraus. Wir saßen zusammen und redeten über die Vergangenheit, schmiedeten Pläne und verschlangen Apfelsinen, die wir seit Beginn des Krieges nicht mehr gekostet hatten. Kitty, eine alte Freundin aus Prag, war eine unserer Besucherinnen. Sie war mit ihrer Mutter nach Israel gekommen und lebte in einem kleinen Zimmer im Haus ihres Onkels in Tel Aviv.

Vor dem Krieg hatte ihre Familie ein berühmtes Kurzwarengeschäft in der Celetná-Gasse in Prag besessen, und nach dem Krieg hatten sie eine große Wohnung im Bezirk *Letná* in der Nähe des Großbaumarktes *U Krále Železnic*, in dem sie häufig waren. Kitty hatte es geschafft, viele ihrer Möbel aus Prag nach Israel zu bringen, aber diese passten nicht in die Wohnung ihres Onkels. Die Lagerungskosten waren sehr hoch. Sie hatte über unsere ›Möbel‹ die Nase gerümpft und bot uns an, etwas von ihrem Mobiliar zu einem Schnäppchenpreis zu übernehmen. Kurz nach ihrem Besuch fuhr deswegen ein Lastwagen vor unserer kleinen Wohnung vor und zwei junge, braun gebrannte Männer lieferten einen Polstersessel, ein Sofa, eine Anrichte, einen Tisch und eine Lampe. Die gesamte Nachbarschaft schaute zu, denn niemand hatte jemals solche Möbel gesehen. Diese waren prunkvoll und verziert, aber eigentlich viel zu groß und schön für unsere Wohnung. Mir war nicht klar, wie wir sie überhaupt hineinbekommen sollten. Es gelang uns schließlich, doch wir mussten uns fortan um die Stühle und den Tisch herumquetschen, um uns in den Zimmern überhaupt bewegen zu können. Das Plüschsofa war zwar sehr bequem, aber angesichts des Klimas nicht besonders passend. Wenn man bei warmem Wetter darauf saß, wurde einem noch viel wärmer. Irgendwann ertappte ich mich bei dem Gedanken, dass es mir nichts ausmachen würde, wenn es gestohlen werden würde. Peter hatte jedoch eine ganz andere Idee: Wir sollten uns eine größere Wohnung besorgen!

Das war nicht so einfach und ging nicht so schnell, wie es sich anhörte. Wir mussten zwei Jahre warten, bis wir umziehen konnten. Zu der Zeit begann die Regierung mit den Planungen eines Bewässerungssystems für den Negev und errichtete eine Fabrik zum Bau von Betonrohren. Peter erhielt dort eine Stelle, sodass wir am 1. Mai 1951, Danielas zweitem Geburtstag, von Haifa nach Aschkelon umzogen.

DER RING

Aschkelon liegt im Süden Israels an der Mittelmeerküste. Im Landesinneren grenzt es an den Negev, weiter im Osten liegen Be'er Sheva und das Tote Meer, im Süden Eilat und das Rote Meer. Wir mieteten dort eines der kleinen Holzhäuser in der Nähe der Sanddünen am Meer an, die von der Fabrik für die Arbeiter errichtet worden waren. Es gab zwei Zimmer und eine Einbauküche nur für uns. Wasser mussten wir noch immer aus einem Brunnen holen; zur Beleuchtung und auch zum Heizen benutzten wir Petroleum. Für uns bedeutete dieser ganze Platz, den wir hatten, echten Luxus.

1954 bot sich uns die Möglichkeit, ein Baugrundstück zu erwerben; dadurch konnten wir unsere Träume und Peter sein Versprechen, uns ein eigenes Haus zu bauen, wahr machen. Für den Kauf mussten wir ein Darlehen aufnehmen, und ich musste wieder arbeiten gehen. Ich stellte Miriam, ein junges jemenitisches Mädchen, ein, die sich um Daniela und Alon, der 1953 geboren worden war, kümmerte, holte meine grüne Krankenschwesterntracht mit dem weißen Kragen aus dem Schrank und begann im Krankenhaus der Stadt zu arbeiten. Peter fing mit dem Bau des Hauses vollkommen allein an – nur mit seinen Händen, Stein für Stein. Es war nicht einfach für ihn, und auch die Kinderbetreuung brachte Probleme und Missverständnisse mit sich. Eines Tages beispielsweise kam ich nach der Arbeit nach Hause und stellte fest, dass Miriam Alons aufgeschürftes Knie notdürftig verarztet hatte, indem sie es mit einem mit Benzin getränkten Lappen umwickelt hatte.

Sonntags ging die ganze Familie zur Baustelle, um dort zu picknicken. Dort verbrachten wir den Tag damit, Beton zu gießen; die Kinder halfen ein wenig mit, holten Faden oder das Maßband und so weiter und stellten sich vor, wo die Wände und Zimmer entstehen würden. Im Sommer 1956 schließlich war der Bau vollendet und bezugsfertig. Das Haus war noch leer und kahl, aber wir betrachteten es, als wäre es das achte Weltwunder. Wir schafften unsere Möbel in ihrer ganzen Herrlichkeit hinein und konnten nun erstmals ihre wahre Pracht bewundern. Nach so vielen Jahren ohne Heimat, ohne Zuhause, hatten wir nun unser eigenes Haus in unserem eigenen Land für unsere eigene Familie.

Mit Beginn des nächsten Jahres hatten wir einen Rasen, Blumen blühten, und ein Weinstock rankte sich bereits an der Wand des Hauses empor. Hier wurde unser jüngster Sohn Amir geboren – und hier leben wir seitdem glücklich und zufrieden. Hier stöberte mich auch nach all den Jahren Dussia Libon aus Amerika auf. Sie besuchte mich und gab mir den Ring meiner Mutter zurück, den sie versprochen hatte, aufzubewahren. Ich trug ihn bis zum Jahr 1999, dann – an ihrem 50. Geburtstag – gab ich ihn Daniela. Jetzt trägt also Daniela den Ring ihrer Großmutter, die sie nie kennengelernt hat und die, ausgelaugt und krank, als Gefangene in der Kälte und dem Schmutz eines deutschen Stalls starb – Daniela, die in Freiheit in einem Land der Sonne und des Lichts geboren wurde und heute selbst Großmutter ist (ja, ich bin mittlerweile sogar Urgroßmutter!). Und wir hoffen, dass eines Tages ihre Tochter diesen Ring tragen wird.

ZURÜCK IN DIE VERGANGENHEIT

1966, an seinem 13. Geburtstag, feierte Alon seine ›Bar Mitzwa‹ und wurde damit gemäß der jüdischen Tradition zum Erwachsenen – ein Initiationsritus, der für alle jüdischen Familien sehr wichtig ist. Um dieses Ereignis gebührend zu feiern, beschlossen wir, erstmals seitdem wir 1949 in Haifa angekommen waren, wieder nach Europa zurückzukehren. Also fuhren wir wieder nach Haifa, nahmen die Autofähre nach Athen und wollten nach Dänemark weiterfahren, um dort mit Freunden drei schöne Wochen zu verbringen. Bei unserer Rückreise fuhren wir auch durch Deutschland, das damals – wie auch Berlin – noch in eine Ost- und eine Westzone geteilt war. Plötzlich erblickten wir ein Schild: *Prag 300 Kilometer*. Wir handelten impulsiv und entschieden mit pochenden Herzen, dorthin zurückzukehren. Wir folgten dem Schild und gelangten recht schnell an die ostdeutsche Grenze. Einige sehr gewissenhaft vorgehende Soldaten kontrollierten unsere Ausweise und nahmen unser Auto regelrecht auseinander, um zu überprüfen, ob wir etwas in das Land schmuggeln wollten. Alon hatte den Eindruck, dass es sich um einen Kriminalfilm wie im Kino handelte. Doch sie ließen uns passieren, sodass wir nach ein paar Stunden Zinnwald an der tschechischen Grenze erreichten. Hier wurden wir ganz anders begrüßt: Sehr freundliche, hilfsbereite und gesprächige Grenzbeamte gaben uns die für die Einreise in die ČSSR notwendigen Ausweise. Und dann fuhren wir nach Prag.

Es ähnelte einem Traum, wieder in dem Land zu sein, in dem wir geboren worden waren. Wir verbrachten ein paar Tage dort, zeigten unseren Kindern einige der Orte, die sie aus unseren Gesprächen während all der Jahre in Israel kannten und genossen die typisch böhmische Küche. Auf unserem Weg zurück nach Athen, passierten wir zunächst Pilsen, die Geburtsstadt meines Vaters, und kurz darauf erblickten wir an der Straße zunächst ein Schild mit der Aufschrift *Domažlice* und dann eines, das den Weg nach Possigkau wies. Es dröhnte und hämmerte in meinem Kopf. Als hätte mich jemand mit einer Nadel gestochen, schrie ich: »Halt an! Ich kenne diesen Ort, ich bin hier schon einmal gewesen. Dort rettete man mir das Leben.« Peter und der Rest der Familie sahen mich verblüfft an. »Wo warst du? Warum warst du hier? Wann war das? Was ist damals passiert? Und warum hast du uns davon nichts erzählt?« So viele Fragen prasselten auf mich ein, weil ich nie jemandem von den Jahns berichtet hatte. Sofort beschloss Peter, dass wir sie aufsuchen müssten. Im Handumdrehen waren wir durch die Felder, an die ich mich sehr gut erinnern konnte, gefahren und erreichten Possigkau. Es war nur ein kleines Dorf mit 50 oder 60 Häusern und einer Straße gewesen, und viel hatte sich nicht verändert.

Wir stiegen aus dem Auto aus. Vollkommen benommen ging ich die Straße hinunter und versuchte mir zu vergegenwärtigen, wo das Haus gewesen war. Dann sah ich ein Tor; nicht irgendein Tor, sondern ›das‹ Tor. Beim Öffnen quietschte es wie damals. Ich betrat den Garten und sah einen Mann, der dort arbeitete. Er hatte gehört, wie sich das Tor geöffnet hatte, schaute auf, ließ seinen Spaten fallen, rannte mit offenen Armen auf mich zu und rief: »Unsere Evička ist zurück!« Während ich diese Worte niederschreibe, kann ich noch immer seine Stimme hören.

Onkel Jahn umarmte mich. Tante Ludmila kam aus dem Haus gerannt und küsste mich. Und dann wurde die ganze Familie umarmt und geküsst. Wir hatten Fragen über Fragen, und die Erinnerungen sprudelten aus uns allen hervor. Wir weinten, als ich mich daran erinnerte, dass diese wundervollen Menschen sich um mich trotz Lebensgefahr für sich und ihre gesamte Familie gekümmert und es mir sogar erlaubt hatten, mein Brot auf beiden Seiten mit Butter zu bestreichen. Ich schaute Alon an, und mir wurde klar, dass er ohne die Liebe der Jahns niemals geboren worden wäre. Später führte Onkel Jahn uns zu dem Feld, auf dem er mich gefunden hatte und zeigte der Familie das Versteck, in dem ich mich bis zum Ende des Krieges verkrochen hatte. Alle schauten sich mein ›Bett‹ an und erfuhren so nach und nach alles aus der Zeit, die ich mit den Jahns verbracht hatte. Die Nachricht von unserer Ankunft machte im Dorf schnell die Runde. Alle wollten uns sehen und mit uns sprechen. Glücklicherweise hatte Tante Ludmila eine große Menge ihrer köstlichen Possigkauer ›Kolatschen‹ vorrätig, sodass wir alle satt wurden. (Heute bäckt ihre Enkelin, Liduška, genauso gute ›Kolatschen‹ wie sie.) Wir redeten und redeten und erinnerten uns an so vieles.

Jene zwei Tage in Possigkau kamen mir wie ein Traum vor und vergingen wie im Flug. Wir versprachen, im nächsten Sommer wiederzukommen, doch zu der Zeit hatten die Vertreter eines streng kommunistischen Kurses in der ČSSR das Sagen; dadurch wurden Besuche nahezu unmöglich. Sogar Briefe zu empfangen wurde verboten, wodurch unser Kontakt zu den Jahns auf grausame Art unterbrochen wurde, nachdem wir ihn gerade erst wieder aufgenommen hatten.

Seit jenen Tagen erzählte ich oft und gern von Possigkau und meiner zweiten Familie, den Jahns. Trotz aller Schwierigkeiten schafften wir es, uns noch einmal zu treffen. 1977 reisten wir alle nach Furth im Wald, einem bayerischen Ort nahe der tschechischen Grenze und verbrachten dort drei Tage in einem Hotel. Später konnten wir uns wieder einfacher treffen; Vlasta kam uns in Aschkelon besuchen und bringt bis heute auch ihre Familie mit. Tante Ludmila starb kurz nach unserem Ausflug nach Furth, Krystof, also Onkel Jahn, schließlich 1990. Immer wenn ich in Possigkau bin, suche ich ihr Grab auf und lege zwei Steine, die ich aus Israel mitbringe, zwischen die Blumen. Das ist ein jüdischer Brauch zum Gedenken an die Toten. Mittlerweile liegen dort sehr viele kleine Steine – ein Denkmal für meine zweiten Eltern.

Eine der Aufgaben von Yad Vashem, der 1953 gegründeten ›Gedenkstätte der Märtyrer und Helden des Staates Israel im Holocaust‹, ist, an die ›Gerechten unter den Völkern‹ zu erinnern. Als ›Gerechte‹ werden diejenigen Nichtjuden bezeichnet, die ihr Leben riskiert haben, um Juden während des Holocaust zu retten. Die Entscheidung, wem diese Ehrung zuteil wird, wird von einer Kommission unter dem Vorsitz eines Richters vom Obersten Gerichtshof Israels getroffen. Um als ›Gerechter‹ anerkannt zu werden, muss eine Person verschiedene Kriterien erfüllen: Zum Beispiel muss die Hilfeleistung ganz konkret gewesen und ohne finanzielle Gegenleistung erfolgt sein.

Natürlich schlug ich Onkel Jahn und Tante Ludmila für diese Auszeichnung vor. 1994 waren die Forschungen abgeschlossen, ihre Namen wurden an der ›Wall of Honour‹ [Ehrenmauer] angebracht. Leider konnten die beiden die Ehrung nicht mehr selbst entgegennehmen, dafür kamen Vlasta und ihre Tochter Liduška nach Jerusalem und erhielten das Zertifikat und die Medaille. Vor kurzem haben die Behörden in Posigkau ein Museum eingerichtet, in dem meine Geschichte erzählt wird. Dort kann man sich die Kleidung, die ich bei meiner Rettung trug, und die Geschichte von Onkel Jahn und Tante Ludmila und von den übrigen wunderbaren Menschen, die mir das Leben retteten, ansehen und anhören. Ich wurde außerdem zur Ehrenbürgerin ernannt, was mich sehr stolz und glücklich macht.

JETZT BIN ICH GROSSMUTTER

In Ascheklon ist es immer noch heiß; ich sitze in meinem Zimmer, die Fensterläden sind verschlossen und ich blicke auf das, was ich geschrieben habe. Darin wird viel geweint: weinen wegen des Terrors, weinen aus Schmerz, weinen wegen derjenigen, die ich verloren habe, aber auch weinen vor Freude. Ich erinnere mich daran, wie meine Tochter, als sie ungefähr 15 Jahre alt war, in der Schule einmal gesagt hat: »Meine Mama, die lacht, wenn andere weinen, und sie weint, wenn andere lachen. Meine Mama ist komisch.«

Gestern hat mich meine Enkelin Shira besucht. Das hebräische Wort ›shira‹ bedeutet ›Lied‹ oder ›Gedicht‹; und tatsächlich ist sie ein Gedicht, ein wunderschönes kleines Lied. Sie bereitet mir viel Freude. Während wir spazierengingen, hielt sie meine Hand, genau so wie ich vor vielen, vielen Jahren die Hand meiner Großmutter in Hermannstädtel gehalten habe.

Das Leben steckt für Shira voller Wunder, Aufregungen und Hoffnungen, wie es auch einst bei mir war. Aber da ich mich nun als Großmutter daran erinnere, was das Leben mir tatsächlich beschert hat, mache ich mir Sorgen um die Zukunft.

Ich weiß noch, wie ich erstmals von Hillel, einem berühmten Rabbiner, gehört hatte, der vor über 2.000 Jahren – noch vor Jesu Geburt – lebte. Er wurde dazu herausgefordert, jemandem die Lehre des Judentums in der Zeit beizubringen, die der Fragende auf einem Bein stehend verbringen konnte. Hillels berühmt gewordene Antwort war: »Was Dir nicht lieb ist, das tue auch Deinem Nächsten nicht. Das ist die ganze Thora; alles andere ist nur Erläuterung.« Und ich hoffe und bitte darum, dass die Mächtigen dieser Welt diese einfache Weisheit letztlich beherzigen und anwenden, damit jedes Enkelkind, egal ob Mädchen oder Junge, Jude, Moslem oder Christ, Israeli oder Palästinenser ein Leben in Frieden führen kann. Und damit Großmütter auf der ganzen Welt sich nicht mehr fragen müssen, ob ihre Enkelkinder sich wiederum Sorgen machen werden und sich an solch schreckliche Ereignisse erinnern werden müssen, an die ich mich erinnere.

Die Sonne scheint immer noch, der Duft von Orangenblüten liegt im Zimmer. Während ich mich erinnere, hoffe ich.

NACHWORT

SUDETENLAND, PRAG, THERESIENSTADT UND DIE FLUCHTEN DER EVA ERBEN

Nein, sagt Eva Erben bei meinem Besuch in Israel im März 2013, sie und ihr Ehemann Peter hätten im Herbst 2012 keinen Schutz in den Bunkern von Aschkelon gesucht, als erneut Raketen die Stadt bedrohten. Schon vier Wochen vorher hatte sie mir per E-Mail ein Foto mit der Aufnahme eines kargen Feldes, auf dem rote Blumen wuchsen, gesendet (siehe Abbildung 39) und dazu geschrieben: »Es blüht, wo noch vor ein paar Wochen Raketen geflogen sind.« Seit mehr als 50 Jahren lebt das Ehepaar an der südöstlichen Mittelmeerküste Israels, wenige Kilometer vom Gazastreifen entfernt – in einer Gegend, die seit Jahrzehnten von Unruhen und Terroranschlägen geprägt ist. Sie seien nach all den Jahren schon immun gegen die Gefahr, da die Raketen »doch meistens im Sand landen ... Na ja, nicht immer«, präzisiert sie lakonisch und fügt dann doch hinzu: »Wie gern möchte ich irgendwo friedlich leben ...« Das Haus, das das Ehepaar in den 1950er Jahren mit Blick auf das Meer gebaut hat – inzwischen verdecken andere Gebäude und die üppige Vegetation die Sicht, doch es sind nur wenige Minuten zu Fuß bis zum Strand –, ist stilvoll eingerichtet und strahlt eine heimelige Ruhe aus. In dem lebensgeschichtlichen Interview, das Eva Erben dem Videoarchiv der Stiftung Denkmal *Sprechen trotz allem* gegeben hat, erzählt sie: »Peter hat sich Arbeiter gesucht, und wir sind jeden Samstag mit einem Picknickkorb hierhergekommen. Man sieht, dass wir das Haus selbst konstruiert haben, die Wände sind ein bisschen schräg und es ist alles ein wenig originell, aber es hat uns gut gedient; alle Kinder sind hier groß geworden, unser drittes Kind ist noch im Jahr 1970 hier geboren, geheiratet hat man hier und jetzt, na, jetzt wird man auch hier sterben.« Nein, aus diesem Haus wird sie nicht mehr flüchten.

Zur Lebensgeschichte der Eva Erben, geborene Löwidtová, gehören bis zur Ankunft in Israel im März 1949 mehrere Fluchten. Sie wird im Sudetengebiet geboren – einem Landstrich, der in den politischen Auseinandersetzungen des Europas der 1930er Jahre eine wichtige und für den Beginn des Zweiten Weltkrieges gar entscheidende Bedeutung erhält. Und sie muss 34 Monate in Theresienstadt verbringen, »einem einzigartigen Ort der europäischen Geschichte im 20. Jahrhundert«, wie der Historiker Wolfgang Benz schreibt.

Fünf Wochen nach ihrer Geburt im Oktober 1930 findet in Tetschen, der Stadt, in der Eva Löwidtová ihre ersten Lebensjahre verbringt, eine Volkszählung statt. 13.000 Menschen leben zu diesem Zeitpunkt in dem kleinen Elbstädtchen im Norden der Region Böhmen, in jenem Gebiet entlang der tschechoslowakisch-deutschen und -österreichischen Grenze, das spätestens seit 1918 meist als *Sudetenland* bezeichnet wird. Im Böhmischen Kronland wird seit dem Dreißigjährigen Krieg (1618–1648) vorwiegend Deutsch gesprochen. Erst ab der zweiten Hälfte des 19. Jahrhunderts rückt das Tschechische in den Rang einer Amtssprache. Die meisten Einwohner dieses Gebietes definieren ihre nationale Zugehörigkeit über ihre Sprache und ihre Kultur. 99 Prozent der Tetschener sprechen Deutsch, auch die Familie Löwidt beherrscht die Sprache; gleichwohl legen die Eltern Wert darauf, dass Eva auch Tschechisch lernt. Der am westlichen Ufer der Elbe gelegene Ortsteil Bodenbach, in dem Marta und Jindrich Löwidt, Evas Eltern, leben, hat seit der Mitte des 19. Jahrhunderts einen wirtschaftlichen und touristischen Aufschwung erfahren: Durch den Bau der Dresden-Bodenbacher Eisenbahn, die ein Teil der Streckenführung von Berlin über Dresden nach Prag ist, haben sich dort zahlreiche Industriebetriebe angesiedelt; die Schäferwand – markant am Fluss gelegen – ist durch den herrlichen Blick auf das Elbtal und das Tetschener Schloss ein beliebtes Ausflugsziel. Zusammen mit dem Hausmädchen Boženka unternimmt auch Eva in ihren ersten Lebensjahren zahlreiche Ausflüge zu diesem kleinen Hügel.

Als nach dem Ersten Weltkrieg (1914–1918) die Tschechoslowakische Republik (ČSR) ausgerufen und Tomáš Garrigue Masaryk (1850–1937) zum ersten Ministerpräsidenten gewählt wird, ist eine parlamentarische Demokratie aus der Taufe gehoben, die ethnische Vielfalt anerkennt, den Minderheiten – zumindest auf dem Papier – gleiche Rechte, umfassende bürgerliche und politische Freiheiten zugesteht und somit auch die jüdischen Einwohner als gleichberechtigte Staatsbürger ansieht. Dies führt 1930 sogar dazu, dass die ČSR als einziger Staat in Mitteleuropa eine eigene jüdische Nationalität anerkennt.

Im Sudetenland befinden sich die Juden jedoch schon seit dem Ende des 19. Jahrhunderts in einer zwiespältigen Situation: Im deutsch-tschechischen Nationalitätenkonflikt – ausgelöst durch die Gleichberechtigung der beiden Sprachen – begreifen sie sich zumeist als deutsch. Doch schon während des Ersten Weltkrieges verstärken sich durch den Zuzug von Juden, die auf der Flucht sind, antisemitische Tendenzen. Als das Gebiet nach dem Krieg der ČSR zugesprochen wird, suchen die Sudetendeutschen nach Anerkennung als Staatsvolk, beharren auf ihrem Selbstbestimmungsrecht und lehnen die Zugehörigkeit zum tschechoslowakischen Staat mehrheitlich ab; die Juden werden in dieser Gemengelage zu Fremden und Feinden.

Gestärkt durch den Aufstieg der Nationalsozialistischen Deutschen Arbeiterpartei (NSDAP) im benachbarten Deutschen Reich gründen sich im Sudetenland ab den 1920er Jahren mehrere Parteien, deren Programme antisemitische Elemente beinhalten. Nach krawallartigen Ausschreitungen und antisemitischen Hetzkampagnen greift der tschechoslowakische Staat schließlich ein und will die Deutsche Nationalsozialistische Arbeiterpartei (DNSAP), zu jener Zeit das wichtigste Sprachrohr einer am Nationalsozialismus ausgerichteten Politik im Sudetenland, verbieten. Die Partei löst sich jedoch kurz zuvor selbst auf. Dafür wird am 1. Oktober 1933 die Sudetendeutsche Heimatfront (SHF), später umbenannt in Sudetendeutsche Partei (SdP), unter Konrad Henlein (1889–1945) gegründet. Sie bekennt sich zunächst zur ČSR und sieht ihre Rolle als Vermittlerin zwischen den Volksgruppen. Doch es findet eine fortschreitende Radikalisierung der Partei statt, deren Mitgliederzahl bis 1937 enorm zunimmt und die bei Wahlen große Erfolge erringt. In einem Memorandum an Adolf Hitler (1889–1945) unterstellt Henlein die SdP im Oktober 1937 faktisch der NSDAP. Die Hoffnung auf eine Angliederung der Sudetengebiete an das Deutsche Reich wird durch den 1938 erfolgten ›Anschluss‹ Österreichs zusätzlich genährt. Im April 1938 schließlich bekennt sich Henlein in seiner ›Karlsbader Rede‹ offen zur NSDAP. Die sudetendeutsche Politik gegenüber den jüdischen Einwohnern führt immer mehr zu deren Verdrängung aus dem öffentlichen Leben. Insbesondere die jüdischen Geschäftsleute verlassen die Sudetengebiete, siedeln ins Innere der ČSR um oder wandern ins Ausland aus, häufig nach Großbritannien.

Schon zwei Jahre vor Henleins Bekenntnis zum Nationalsozialismus packen die Löwidts in Vorausahnung der Veränderungen schweren Herzens ihre Koffer und siedeln nach Prag über. Auch wenn der Umzug geordnet stattfindet und die Familie in Prag ein großes Haus im Bezirk Strašnice bezieht, ist es letztlich doch die erste Flucht von Eva Erben.

Jindrich Löwidt ist Chemiker, experimentiert mit unterschiedlichsten Materialien und ist mit der Entwicklung des Kunststoffes Bakelit beschäftigt. Die Mutter Marta kümmert sich um das Haus und sorgt dafür, dass Eva wohlbehütet und möglichst unbelastet von den politischen Ereignissen in Mitteleuropa aufwächst. Dadurch, dass sie Deutsch und Tschechisch spricht, hat sie in der Schule keine Schwierigkeiten und schließt rasch neue Freundschaften. Sie fühlt sich in Prag wohl. Doch das ändert sich schlagartig: Am 15. März 1939 wird Prag völkerrechtswidrig durch die deutsche Wehrmacht besetzt. Dieser Tag markiert das Ende der fast ein Jahr dauernden Vorbereitungen Adolf Hitlers zur Zerschlagung der ČSR. Der Status des Sudetenlandes spielt in dieser Entwicklung eine wesentliche Rolle.

Spätestens seit Mai 1938 sind Hitlers Pläne zur Auflösung der ČSR, deren Territorium weit in mitteldeutsches Gebiet hineinragt, deutlich. Sein im sogenannten Plan Grün angekündigter Beschluss, in Kürze militärisch gegen die ČSR vorzugehen, wird zwar von Teilen der Wehrmachtsführung, insbesondere vom Generalstabschef des Heeres, Ludwig Beck (1888–1944), kritisiert: Ein Angriff würde die Schutzmächte Großbritannien und Frankreich auf den Plan rufen, gegen die die militärische Stärke des Deutschen Reiches noch nicht ausreiche. Doch Hitler zeigt sich entschlossen. In seiner Abschlussrede auf dem Reichsparteitag der NSADP in Nürnberg am 12. September wird er den besonders von sudetendeutscher Seite geäußerten Erwartungen vollauf gerecht. Die im Sudetenland vorhandene »Anschlussstimmung« aufgreifend, rechnet er mit der ČSR ab und beruft sich in aggressiv-kriegerischen Ausführungen auf das Selbstbestimmungsrecht der Völker zur Rechtfertigung einer Vereinigung mit dem Deutschen Reich. Im Sudetengebiet kommt es in der Folge zu zahlreichen, zum Teil schweren Ausschreitungen, die sich gegen die jüdische Bevölkerung und Gegner des nationalsozialistischen Kurses der SdP richten. Prag verbietet daraufhin die SdP, was zwar zu einer kurzfristigen Beruhigung der Lage führt, die »Heim ins Reich«-Parolen Konrad Henleins jedoch nicht verstummen lässt. Zur gleichen Zeit treffen sich Hitler und der britische Premierminister Neville Chamberlain (1869–1940) auf dem Obersalzberg und in Bad Godesberg. Der vom Deutschen Reich gesteuerte, nicht mehr zu übersehene Zersetzungsprozess der ČSR führt zu einer fatalen Beschwichtigungspolitik Großbritanniens (›Appeasement‹-Politik). Chamberlain geht davon aus, dass so der Frieden gesichert werden kann. Die sogenannten ›Londoner Empfehlungen‹, nach denen die Gebiete mit deutscher Bevölkerungsmehrheit an das Deutsche Reich abgetreten werden sollen, werden von Prag unter dem Druck eines möglichen Gewaltschlages angenommen. Als Hitler am 27. September zur Demonstration seiner militärischen Stärke mit einer motorisierten Division durch Berlin zieht, wird die ablehnende Haltung der deutschen Bevölkerung gegenüber einem Krieg jedoch überdeutlich: Die Berliner reagieren mit Schweigen. Ohne die Unterstützung der deutschen Bevölkerung kann er die ›Londoner Empfehlungen‹ noch nicht als Mandat zum Einmarsch in die ČSR begreifen. So wird im ›Münchner Abkommen‹ vom 30. September 1938 zwischen Großbritannien, Frankreich, Italien und dem Deutschen Reich – die Sowjetunion ist nicht geladen – die formale Grundlage für eine ›friedliche‹ Abtretung des Sudetengebietes geschaffen. Die neuen Grenzen gelten ab dem 20. Oktober; der tschechoslowakische Staatspräsident Edvard Beneš (1884–1948), der an den Gesprächen in München nicht beteiligt ist und sich von den Schutzmächten verraten fühlt, tritt zurück und geht ins Exil. In der Folge besetzen auch Polen und Ungarn Teilgebiete der ČSR im Teschener Olsagebiet und in der Karpatoukraine. Durch den Wegfall der meisten Grenzverteidigungsstellen, die sich vor allem in den Sudetengebieten befinden, ist die ČSR nun weitgehend schutzlos einem Angriff ausgeliefert.

Ungeachtet des ›Münchner Abkommens‹ trachtet Hitler weiter danach, die verbliebenen Teile der ČSR zu besetzen. Dort nehmen die Spannungen zwischen dem slowakischen und dem tschechischen Teil im Laufe des Winters zu und führen unter dem Druck des Deutschen Reiches am 14. März 1939 zur Unabhängigkeitserklärung der ersten Slowakischen Republik unter der Präsidentschaft des katholischen Priesters Jozef Tiso (1887–1947). Die Slowakei wird jedoch nur formal unabhängig, faktisch ist sie ein Satellitenstaat des Deutschen Reiches. In der folgenden Nacht treffen der tschechische Staatspräsident Emil Hácha (1872–1945) und sein Außenminister Frantisek Chvalkovský (1885–1945) in Berlin mit Hitler zusammen. Sie bitten um Anerkennung ihres (Teil-)Staates, werden jedoch vor vollendete Tatsachen gestellt: Um sechs Uhr früh werde die Wehrmacht in die – wie es im nationalsozialistischen Jargon heißt – ›Rest-Tschechei‹ einmarschieren. Hácha erleidet in jener Nacht einen Herzanfall, von dem er sich zwar erholen kann; allerdings bleibt es ihm aufgrund der Kürze der Zeit nunmehr übrig, seine Prager Dienststellen anzuweisen, keinen Widerstand gegen den Einmarsch zu leisten, da ansonsten – wie die Nummer zwei des ›Dritten Reiches‹, Hermann Göring (1893–1946), droht – die tschechische Hauptstadt bombardiert werde. Am Morgen des 15. März 1939 marschiert die Wehrmacht dort ein; einen Tag später existiert die Tschechoslowakische Republik nicht mehr, die ›Rest-Tschechei‹ wird zum Protektorat Böhmen und Mähren erklärt und unter deutsche Gebietshoheit gestellt.

Die Löwidts bemerken die antijüdische Stimmung nach dem Einmarsch der Wehrmacht deutlich. Die jüdische Bevölkerung Prags wie des gesamten Protektorats Böhmen und Mähren wird entsprechend der bereits seit 1933 schrittweise erfolgten Maßnahmen im Deutschen Reich in ihren Lebensbedingungen eingeschränkt, aus dem öffentlichen Leben ausgegrenzt und zur Auswanderung gedrängt. Ihr Vermögen und Besitz werden beschlagnahmt, ihre Lebensmittelrationen verringert, und ab 1. September 1941 müssen sie zur Kennzeichnung in der Öffentlichkeit den Gelben Stern tragen. Marta und Jindrich Löwidt bemühen sich darum, ihre Tochter mit einem der sogenannten Kindertransporte nach Großbritannien in Sicherheit zu bringen. Doch die Neunjährige möchte nicht von ihren Eltern getrennt werden. Das Haus der Familie wird noch 1939 enteignet, Eva muss mit ihren Eltern in eine kleinere Wohnung umziehen – die zweite erzwungene Flucht.

Prag ist nicht nur seit dem Mittelalter ein wichtiger Ort jüdischer Gelehrsamkeit, sondern seit Bestehen des Habsburgerreiches auch ein Zentrum deutsch-jüdischer Kultur. Die jüdische Bevölkerung ist seit 1918 in der tschechischen Gesellschaft verwurzelt und bildet einen Teil der kulturellen, wissenschaftlichen, wirtschaftlichen und politischen

Eliten. Im Juli 1939 wird durch Adolf Eichmann (1906–1962) die ›Zentralstelle für Jüdische Auswanderung‹ in Prag eingerichtet, deren Hauptaufgabe darin besteht, alle Personen jüdischer Abstammung im Sinne der ›Nürnberger Rassengesetze‹ und deren Eigentum zu erfassen. Juden müssen fortan jede Arbeit annehmen, die ihnen zugewiesen wird, jüdische Kinder dürfen nicht mehr unterrichtet werden, und ab Oktober 1941 werden Synagogen und Gebetshäuser geschlossen und als Lagerhäuser für geraubtes jüdisches Eigentum genutzt. Im November 1941 verlässt der erste Transport Prag in Richtung Theresienstadt; ungefähr 39.400 Juden leben zu jener Zeit in der Stadt.

Die Löwidts erhalten bereits im Dezember 1941 die Benachrichtigung über ihre bevorstehende Deportation nach Theresienstadt. Ein drittes Mal müssen sie ihre Wohnung verlassen und begeben sich mit den wenigen Habseligkeiten, die sie tragen können, zur Sammelstelle am Prager Messegelände.

Die Garnisonsstadt Theresienstadt, die Joseph II. (1741–1790) zu Ehren seiner Mutter Maria Theresia (1717–1780) als Festungsbauwerk mit Kasernen, Wohnhäusern, Rathaus, Kirche, Krankenhaus und einem umliegenden Graben Ende des 18. Jahrhunderts errichten ließ, dient seit 1918 dem tschechoslowakischen Militär. Im Oktober 1941 lassen die deutschen Besatzer die Stadt räumen und beginnen, sie zunächst als Sammellager für die ungefähr 88.000 Juden aus Böhmen und Mähren zu nutzen. Geplant ist, die jüdische Bevölkerung von dort nach Minsk, Riga oder in das Ghetto Litzmannstadt (Lodz) zu deportieren. Neben der ›Großen Festung‹, dem Ghetto Theresienstadt, das durch seine Festungsanlagen eine völlige Abriegelung von der Außenwelt ermöglicht, richtet die Geheime Staatspolizei (Gestapo) auch ein jenseits des Flusses Eger gelegenes Haftlager ein, die ›Kleine Festung‹. Die Familie Löwidt wird in das Ghetto verbracht.

Auf der ›Wannsee-Konferenz‹ wird am 20. Januar 1942 beschlossen, dass nach Theresienstadt zukünftig vor allem solche Juden aus dem Deutschen Reich deportiert werden sollen, die älter als 65 Jahre sind, sich im Ersten Weltkrieg ausgezeichnet haben, die als ›Geltungsjuden‹ oder als Ehepartner aus nicht mehr bestehenden ›Mischehen‹ definiert oder die als ›prominent‹ angesehen werden. Vor allem Letzteres führt dazu, dass es ab dieser Zeit in der Häftlingsgesellschaft relativ viele

Künstler, Wissenschaftler und Intellektuelle gibt, die – ebenso begünstigt durch die innere Organisation, die der ›jüdischen Selbstverwaltung‹ obliegt – für die Aufrechterhaltung eines angesichts der Zustände weit gefächerten kulturellen Lebens sorgen: Eine Bibliothek mit 65.000 Bänden wird eingerichtet, es finden Musik- und Theateraufführungen statt, Vorträge und Lesungen werden organisiert. Eine dieser künstlerischen Aktivitäten, an der auch Eva Löwidtová als Schauspielerin teilnimmt, ist die Aufführung der Kinderoper *Brundibár* von Hans Krása (1899–1945) und Adolf Hoffmeister (1902–1973). Am 23. September 1943 findet die Premiere dieser Geschichte über den Sieg des Guten gegen das Böse statt; insgesamt erlebt sie 55 Aufführungen. Diese und viele andere Darbietungen täuschen jedoch nicht darüber hinweg, dass der Alltag in Theresienstadt von Deportationen, Gewalt, Verboten, Hunger, unzureichenden sanitären Verhältnissen und Zwangsarbeit geprägt ist. Die Gefangenen werden unter äußerst beengten Bedingungen in den ehemaligen Kasernen untergebracht und sind willkürlichen Strafmaßnahmen ausgesetzt. Wo zuvor 7.000 Menschen lebten, sind Ende 1942 etwa 65.700 zusammengepfercht. Fast alle der an *Brundibár* beteiligten Kinderdarsteller werden später im Vernichtungslager Auschwitz-Birkenau ermordet; insgesamt überleben nur hundert Kinder den Krieg. In seiner jüngst erschienenen Studie zu Theresienstadt kommt Wolfgang Benz zu dem Schluss: »Kultur unter den Bedingungen des Zwangsaufenthalts, des Hungers und der Verelendung ist schwer vorstellbar und hat den Nachgeborenen wohl auch eine falsche Vorstellung der Lebenswirklichkeit von Theresienstadt vermittelt.« Umso herausragender ist, was auch Eva Erben beschreibt: der moralische und geistige Widerstand, die starke Solidarität der meisten Erwachsenen mit den Kindern, die Bemühungen um Bildungsvermittlung.

Die Kommandanten und Wachmannschaften dulden diese kulturellen Aktivitäten zunächst und fördern sie später sogar. Sie nutzen sie, um im Sommer 1944 die Kulisse für eine Inszenierung zu schaffen, die »extremster Ausdruck nationalsozialistischen Hohns über die Opfer« (Benz) ist: Bevor Maurice Rossel, ein Vertreter des Internationalen Roten Kreuzes aus der Schweiz, Theresienstadt am 23. Juni 1944 inspiziert, wird das Ghetto ›verschönert‹: Straßen und Plätze werden hergerichtet, Häuserfassen gestrichen, Wohnungen mit Mobiliar ausgestattet. Einige Gefangene erhalten die Anweisung, als Schauspieler zu agieren, Rollen zu spielen und so dem auswärtigen Besuch vorzugaukeln, es handele sich um eine normale Provinzstadt. Um die Überfüllung des Ghettos zu verschleiern, werden zuvor zahlreiche Insassen deportiert. Rossel lässt sich täuschen und zeigt sich auch noch 35 Jahre später in dem Film *Ein Lebender geht vorbei* [*Un vivant qui passe*] davon überzeugt, dass es den Juden in Theresienstadt gut gegangen sei. Im August und September 1944 wird das verschönerte Ghetto als Kulisse für den letztlich nie fertiggestellten Propagandafilm *Theresienstadt. Ein Dokumentarfilm aus dem jüdischen Siedlungsgebiet* genutzt, der zumeist unter dem Titel *Der Führer schenkt den Juden eine Stadt* bekannt ist und für den die Gefangenen unter Zwang ein falsches Bild ihres Ghettoalltages vorspielen müssen.

Um in Theresienstadt Platz für die Juden aus dem Deutschen Reich zu schaffen, werden die vor allem aus Prag und dem Protektorat Böhmen und Mähren stammenden, bereits dort befindlichen Gefangenen ab Januar 1942 in andere Lager deportiert, ab Oktober 1943 fast ausschließlich in den Lagerkomplex Auschwitz. Insgesamt durchlaufen ungefähr 140.000 Menschen das Ghetto, befreit werden im Mai 1945 19.000 Insassen. Jindrich Löwidt wird Ende Oktober 1944 von der Familie getrennt und nach Auschwitz deportiert. Jahrzehnte später findet Eva Erben heraus, dass ihr Vater von dort weiter nach Süddeutschland, in das Konzentrationslager Kaufering, transportiert wurde und dort im Januar 1945 an Typhus verstarb. Eva selbst wird mit ihrer Mutter wahrscheinlich am 30. Oktober 1944 ebenfalls nach Auschwitz-Birkenau deportiert. Der riesige Lagerkomplex, der auch als *Auschwitz II* bezeichnet wird und drei Kilometer vom Stammlager entfernt liegt, besteht schon seit 1941. Insgesamt werden in Auschwitz zwischen 1940 und 1945 mehr als 1,1 Millionen Menschen – Juden aus ganz Europa, Sinti und Roma, nichtjüdische Polen, sowjetische Kriegsgefangene und weitere Häftlinge aus anderen Ländern – ermordet.

Bei der Ankunft erwartet die beiden Frauen das von Überlebenden wieder und wieder beschriebene Szenario: Unter Schreien und Schlägen werden die Ankömmlinge aus den Deportationszügen getrieben und müssen sich der ›Selektion‹ stellen, bei der über ihr weiteres Schicksal entschieden wird. Diejenigen, die dies überstehen und nicht in die Gaskammern getrieben werden, müssen sich am ganzen Körper rasieren lassen und duschen, erhalten völlig unzureichende Häftlingsbekleidung und werden einer Baracke zugewiesen. Das Geschehen in den folgenden sechs Wochen beschreibt Eva Erben in ihrem Buch als eine Welt, »in der es nichts als Schmerz und Unglück und Leiden gibt, in der man nichts, was um einen herum passiert, verstehen kann«.

Zu diesem Zeitpunkt hat der Zweite Weltkrieg längst einen Verlauf genommen, der keinen Zweifel mehr an der Niederlage des Deutschen Reiches aufkommen lässt. Im Juli 1944 wird das Konzentrations- und Vernichtungslager Majdanek befreit, und Einheiten der Roten Armee dringen weiter nach Westen vor. Die nationalsozialistischen Machthaber beginnen deswegen damit, die in den Lagern einsitzenden Häftlinge auf ›Todesmärschen‹ ins Reichsinnere zu treiben. Marta und Eva Löwidtová werden zusammen mit anderen Gefangenen in Viehwaggons nach Christianstadt in der ostbrandenburgischen Neumark gebracht, mit durchschnittlich über 1.000 Insassen eines der größten Frauen-Außenkommandos des Konzentrationslagers Groß-Rosen in Schlesien. Es ist der letzte Transport, der Auschwitz mit diesem Ziel verlässt. Nur wenige Wochen verbringen sie unter etwas besseren hygienischen Bedingungen als zuvor, leiden jedoch unter der völlig unzureichenden Ernährungssituation; am 3. Februar werden auch sie zusammen mit 800 Frauen auf einen ›Todesmarsch‹ in Richtung Eger getrieben. In Fünferreihen marschieren die Frauen zu Fuß täglich 30 bis 45 Kilometer, sie tragen Holzschuhe oder umwickeln ihre Füße mit Lumpen. Zu essen erhalten sie kaum etwas, schlafen müssen sie bei kältestem Winterwetter unter freiem Himmel oder in Scheunen und zahlreiche Frauen werden von den Wachmännern erschossen. Am 6. März 1945 erreichen sie das Konzentrationslager Flossenbürg in der Oberpfalz. Von dort werden die Häftlinge weitergetrieben. Marta Löwidtová stirbt völlig entkräftet an Hunger und den Strapazen der Haftzeit.

Mehreren Häftlingen gelingt während des insgesamt 500 Kilometer langen Marsches die Flucht. Eva Löwidtová wacht eines Morgens unter einem Heuhaufen auf und stellt fest, dass die Wachen sie im Chaos des Aufbruches vergessen haben. Da jedoch noch immer Krieg herrscht, flüchtet sie zunächst ziellos umher, bis sie nach weiteren lebensgefährlichen Begegnungen mit versprengten deutschen Soldaten von der christlichen Familie Jahn in Possigkau aufgenommen und bis zum Ende des Krieges zwei Monate später gesund gepflegt wird. Die Jahns werden für ihre Hilfe 1994 von der Gedenkstätte Yad Vashem in Israel als ›Gerechte unter den Völkern‹ geehrt. Der Ort Possigkau liegt ungefähr 150 Kilometer westlich von Prag, nahe der heutigen deutsch-tschechischen Grenze. Eva Löwidtová wird dort von einer Verwandten ausfindig gemacht und kehrt widerwillig mit ihr im Juni 1945 nach Hermannstädtel zurück – in jenes Haus, in dem vor dem Krieg ihre Großeltern gewohnt hatten. Sie fühlt sich in der Pflegefamilie jedoch nicht heimisch und macht sich schließlich allein auf den Weg nach Prag. Dort kommt sie in einem Waisenhaus unter, absolviert die Ausbildung zur Krankenschwester und trifft schließlich auf Peter Erben (*1921), der in Theresienstadt ihr Betreuer gewesen war. Die beiden verlieben sich ineinander und beschließen nach der Unabhängigkeitserklärung des Staates Israel im Mai 1948, dorthin auszuwandern. Über Paris gelangen sie nach Südfrankreich und erreichen nach einer gefahrvollen Überfahrt am 13. März 1949 den Hafen von Haifa in Israel.

In der Tschechoslowakischen Republik, wie der Staat, in dem Eva Löwidtová 1930 geboren wurde, seit 1945 offiziell wieder heißt, herrschen Rachegedanken vor: Das Trauma der völligen Zerschlagung des Landes führt zu weiterem Unrecht; die deutschsprachige Bevölkerung wird vertrieben, ab 1948 regieren kommunistische Machthaber unter Klement Gottwald (1896–1953). Auch unter diesem Eindruck findet die letzte Flucht der Eva Erben statt. Sie und ihr Mann, so schreibt sie, wollen die Tschechoslowakei »als freien und glücklichen Ort« in Erinnerung behalten und kehren ihr deswegen den Rücken. Erst nach dem Ende des Staatssozialismus 1989 kehren sie zu Besuchen regelmäßig in ihre alte Heimat zurück.

Nach der Ankunft in Israel dauert es jedoch weitere sieben entbehrungsreiche Jahre, bis sie in das Haus einziehen, in dem ich sie mit zwei Kollegen erstmals im November 2011 – mehr als 50 Jahre später – besuche. Wir nehmen für das Videoarchiv der Stiftung Denkmal für die ermordeten Juden Europas ein mehrstündiges Interview auf und verbringen zwei Tage mit dem Ehepaar. Sie sind weiterhin an politischen und historischen Fragestellungen interessiert; Peter Erben hat wenige Tage zuvor eine Publikation über den Holocaust aus London erhalten und studiert sie gründlich. Zur Vorbereitung des Interviews hatte ich das im Verlag *Beltz & Gelberg* erschienene Kinderbuch *Mich hat man vergessen* gelesen; nun zeigt Eva Erben mir die wenige Wochen zuvor veröffentlichte erweiterte englische Fassung ihrer autobiographischen Erinnerungen: Dies sei das »eigentliche« Buch über ihr Leben. Schnell verabreden wir, über eine Übersetzung ins Deutsche nachzudenken und den Band in der Zeitzeugenreihe der Stiftung Denkmal zu veröffentlichen. Ein weiteres Mal treffen wir uns im März 2013 und blättern gemeinsam die zahlreichen Fotoalben der Familie Löwidt/Erben durch, aus denen ein Großteil der Abbildungen in dem vorliegenden Band stammt.

Die Literaturwissenschaftlerin Ruth Klüger (*1931), die wie die junge Eva in Theresienstadt, Auschwitz-Birkenau und Christianstadt inhaftiert war, beschreibt in ihrer autobiografischen Schrift *weiter leben. Eine Jugend* jenen eigentümlichen und irreführenden Umstand, der jeder Lektüre eines Überlebendenberichtes anhaftet: »Man liest und denkt etwa: Es ist doch alles glimpflich abgelaufen. Wer schreibt, lebt. Der Bericht, der eigentlich nur unternommen wurde, um Zeugnis abzulegen von der großen Ausweglosigkeit, ist dem Autor unter der Hand zu einer ›escape story‹ gediehen.« *Escape Story* [*Fluchtgeschichte* oder *Ausbruchsgeschichte*] ist auch der Originaltitel der hier übersetzten Erinnerungen. Dass die vorliegende Übersetzung aus dem Titel die vielen *Fluchten* der Eva Erben macht, liegt zunächst an den verschiedenen Lebensstationen, in denen die Autorin und ihre Familie flüchten mussten: Von Tetschen nach Prag, innerhalb Prags, vom ›Todesmarsch‹ nach Possigkau, von Hermannstädtel erneut nach Prag, schließlich von Prag über Frankreich nach Israel. Es hängt jedoch auch mit den so häufig auf ein ›gutes Ende‹ weisenden Vorstellungen einer Flucht- oder Ausbruchs-›Geschichte‹ zusammen: Denn als Eva Erben von den Wachmannschaften vergessen wird, gibt es keine Soldaten, die sie umarmen und denen sie danken kann, es gibt keine Häftlinge, die ihr mitteilen, dass die Zeit des Leidens vorüber ist. Zufällig zurückgelassen, vergessen in einem Heuschober und so dem Fortgang des ›Todesmarsches‹ entronnen, in einem Landstrich, in dem sie sich nicht auskennt, wenige Tage nach dem Tod der letzten Vertrauten, die ihr geblieben war – ihrer

Mutter –, also in jener Situation der Ausweglosigkeit, die die Anmutung einer geglückten Flucht und eines jubilierenden, befreienden Triumphes hintertreibt, ist es die fremde Stimme eines namenlosen, nur mit Lumpen bekleideten Jungen, der – ebenfalls allein – die Worte zu ihr spricht, die in schmuckloser Prägnanz und Faktizität vom bloßen Überleben der Eva Erben zeugen: »Du atmest noch, du bist nicht tot.«

Daniel Baranowski

AUSWAHLBIBLIOGRAFIE

Adler, Hans-Günther: Theresienstadt 1941–1945. Das Antlitz einer Zwangsgemeinschaft. Tübingen 1955 (Göttingen 2005).

Benz, Wolfgang: Theresienstadt. Eine Geschichte von Täuschung und Vernichtung. München 2013.

Benz, Wolfgang; Distel, Barbara (Hrsg.): Der Ort des Terrors. Geschichte der nationalsozialistischen Konzentrationslager. Band 5: Hinzert. Auschwitz. Neuengamme. München 2007.

Benz, Wolfgang; Distel, Barbara (Hrsg.): Der Ort des Terrors. Geschichte der nationalsozialistischen Konzentrationslager. Band 6: Natzweiler. Groß-Rosen. Stutthof. München 2007.

Benz, Wolfgang; Distel, Barbara (Hrsg.): Der Ort des Terrors. Geschichte der nationalsozialistischen Konzentrationslager. Band 9: Arbeitserziehungslager. Ghettos. Jugendschutzlager. Polizeihaftlager. Sonderlager. Zigeunerlager. Zwangsarbeiterlager. München 2009.

Czech, Danuta: Kalendarium der Ereignisse im Konzentrationslager Auschwitz-Birkenau 1939–1945. Reinbek 1989.

Hilberg, Raul: Die Vernichtung der europäischen Juden. 3 Bde., Frankfurt am Main 1990.

Klüger, Ruth: weiter leben. Eine Jugend. Göttingen 1992.

Lanzmann, Claude: Ein Lebender geht vorbei [Un vivant qui passe]. Les Films Aleph 1979/1997.

Löbner, Martina: »Geheime Reichssache« Christianstadt – Das Ende einer Kleinstadt zwischen Oder und Neiße sowie der Sprengstoff-Fabrik »Ulme«. Hannover 2005.

Macek, Jaroslav: Zur Problematik der Geschichte der abgetrennten Grenzgebiete, besonders des sogenannten Sudetenlandes in den Jahren 1938–1945. In: Brandes, Detlef; Kural; Václav (Hrsg.): Der Weg in die Katastrophe. Deutsch-tschechoslowakische Beziehungen 1938–1947. Essen 1994, S. 57–75.

Hecht, Louise; Lichtblau, Albert; Miller, Michael L.: Österreich, Böhmen und Mähren 1648–1918. In: Kotowski, Elke-Vera; Schoeps, Julius H.; Willenborn, Hiltrud (Hrsg.): Handbuch zur Geschichte der Juden in Europa. Band 1: Länder und Regionen. Darmstadt 2001, S. 101–134.

Osterloh, Jörg: Judenverfolgung und ›Arisierung‹ im Reichsgau Sudetenland. In: Glettler, Monika; Lipták, L'ubomir; Míšková (Hrsg.): Geteilt, besetzt, beherrscht. Die Tschechoslowakei 1938–1945: Reichsgau Sudetenland, Protektorat Böhmen und Mähren, Slowakei. Düsseldorf 2004, S. 211–228.

Osterloh, Jörg: Nationalsozialistische Judenverfolgung im Reichsgau Sudetenland 1938–1945. München 2006.

ABBILDUNGSNACHWEIS

www.benadam.de: Abb. 2
Dieter Heinrichsen: Abb. 22
Institut Pamięci Narodowej, Warschau: Abb. 23
International Tracing Service, Bad Arolsen: Abb. 17
KZ-Gedenkstätte Flossenbürg: Abb. 25
Christhard Läpple: Abb. 24
Stiftung Denkmal für die ermordeten Juden Europas, Berlin: Abb. 1, 12, 13, 21, 36, 38
United States Holocaust Memorial Museum, Washington D. C.: Abb. 18, 19
Židovské muzeum v Praze: Abb. 20
Eva Erben: alle übrigen

ORTSNAMENKONKORDANZ

Athen – Athína
Auschwitz – Oświęcim
Bauschowitz an der Eger – Bohušovice nad Ohří
Christianstadt – Krzystkowice
Groß-Rosen – Rogożnica
Hermannstädtel – Heřmanův Městec
Jerusalem – Jeruschalajim
Kulmhof am Ner – Chełmno nad Nerem
Liditz – Lidice
Lodz (Litzmannstadt) – Łódź
Nachod – Náchod
Pilsen – Plzeň
Possigkau – Postřekov
Prag – Praha
Preßburg – Bratislava
Setsch – Seč
Taus – Domažlice
Tetschen – Děčín
Tetschen-Bodenbach – Děčín-Podmokly
Tetschen-Krochwitz – Děčín-Chrochvice
Theresienstadt – Terezín
Warschau – Warszawa

Abb. 1: Tetschen-Bodenbach, 1939: Blick auf die Stadt. Im Vordergrund die Schäferwand, die Eva Erben in ihrer Kindheit häufig bestieg.

Abb. 2: Tetschen-Bodenbach, 2009: Luftansicht der Stadt. Der Stadtteil Bodenbach mit dem Bahnhof befindet sich auf dem Foto rechts der Elbe.

Abb. 3: 29. Oktober 1930: Die fünf Tage alte Eva im Arm ihrer Mutter Marta; Ausschnitt aus einem Fotoalbum der Familie der Mutter mit der Erläuterung »Unser Evchen, 29. X. 1930, 5 Tage alt, noch im Krankenhaus«.

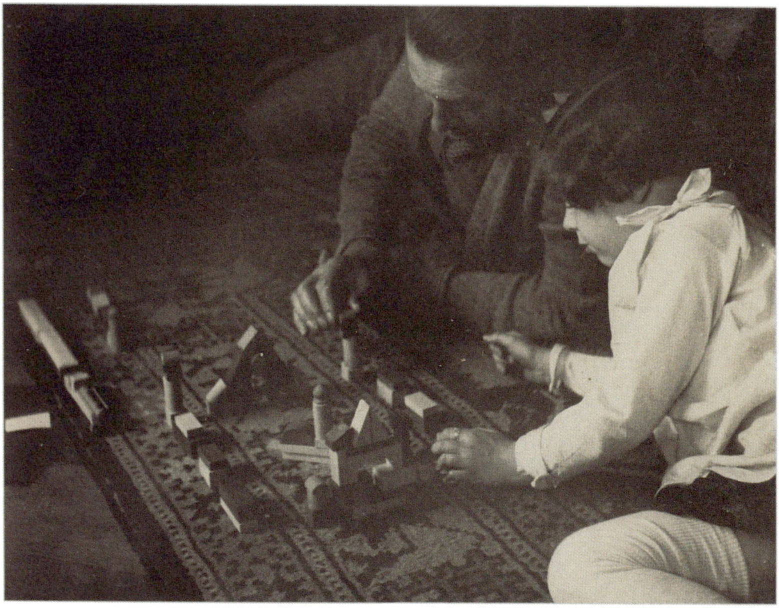

Abb. 4: Tetschen, um 1933: Eva und ihr Vater Jindrich spielen im Wohnzimmer.

Abb. 5: Tetschen, 1933: Die dreijährige Eva mit ihrer Mutter Marta und den Großeltern väterlicherseits Kateřina und Rudolf Löwidt.

Abb. 6: Tetschen, um 1933: Eva mit ihrem Kindermädchen Boženka. Die Puppe nahm sie fünf Jahre später mit nach Theresienstadt.

Abb. 7: Tetschen, um 1934: Evas Kindergartengruppe, die rechts neben der Erzieherin steht.

Abb. 8: Tetschen, 1934: Eva und ihre Mutter.

Abb. 9: Tetschen, 22. Juli 1935:
Eva »mit Freunden«.

Abb. 10: Tetschen, August 1936: Eva und ihr Vater kurz vor dem Umzug nach Prag.

Abb. 11: Prag, 1936: Evas (2. Reihe, 5. v. r.) erste Schulklasse.

Abb. 12: Prag: Ansicht der Karlsbrücke, im Hintergrund die Prager Burg auf dem Berg Hradschin.

Abb. 13: Prag: Ansicht der Westfassade der Altneusynagoge in der Josefstadt, dahinter das jüdische Rathaus. Eva beschreibt seine Uhr mit hebräischen Schriftzeichen anstelle von Zahlen, deren Zeiger entgegen dem Uhrzeigersinn laufen.

Abb. 14: Prag, 1941: Martha Löwidtivá auf dem letzten Foto vor der Deportation nach Theresienstadt.

Abb. 15: Prag, 1941: Jindrich Löwidt auf dem letzten Foto vor der Deportation nach Theresienstadt.

Abb. 16: Prag, 1941: Eva Löwidtová im Alter von elf Jahren. Dies ist das letzte Foto vor der Deportation nach Theresienstadt.

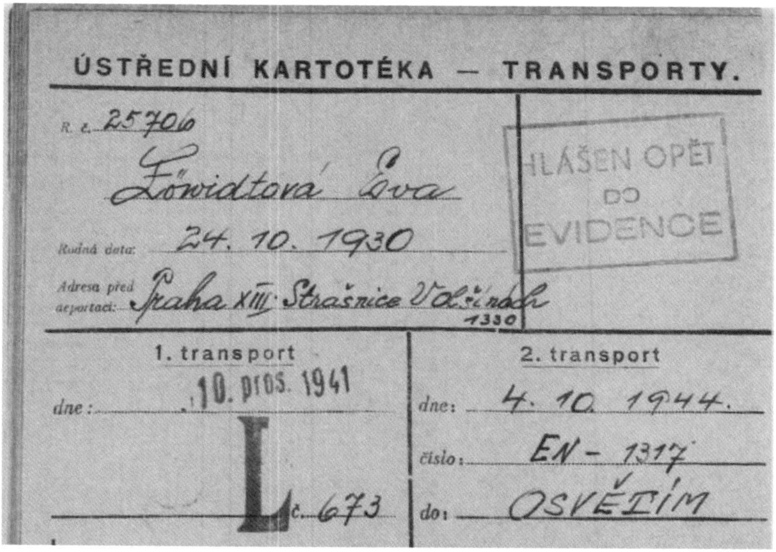

ÚSTŘEDNÍ KARTOTÉKA — TRANSPORTY.

R. č. 25706

Löwidtová Eva

Rodná data: 24. 10. 1930

Adresa před deportací: Praha XIII. Strašnice V Olšinách 1330

HLÁŠEN OPĚT DO EVIDENCE

1. transport	2. transport
dne: 10. pros. 1941	dne: 4. 10. 1944.
L	číslo: EN - 1317
č. 673	do: OSVĚTÍM

Abb. 17: ›Transportkarte‹ für Eva Löwidtová von Theresienstadt nach Auschwitz.

Abb. 18: Eingang zum Ghetto Theresienstadt.

Abb. 19: Theresienstadt, 1942/43.

Abb. 20: Theresienstadt: Szene aus einem deutschen Propagandafilm mit dem Ensemble der Kinderoper *Brundibár*. Eva Löwidtová ist vermutlich das Mädchen im Faltenrock vorne rechts. Die meisten der Kinderdarsteller wurden kurz nach der letzten Aufführung nach Auschwitz-Birkenau deportiert und ermordet.

Abb. 21: Theresienstadt: Eines der Eingangstore zur Großen Festung. In den Grünanlagen außerhalb der Festungsmauern musste Eva in einem Gemüsegarten arbeiten.

Abb. 22: Theresienstadt, 2012: Eingangstor der Dresdner Kaserne, in der Eva mit ihrer Mutter untergebracht war.

Abb. 23: Auschwitz-Birkenau, Aufnahme nach dem 27. Januar 1945.

Abb. 24: Ruinen des Lagers Christianstadt, eines der größten Frauen-Außenkommandos des Konzentrationslagers Groß-Rosen, wo Eva Ende 1944/Anfang 1945 Zwangsarbeit leisten musste.

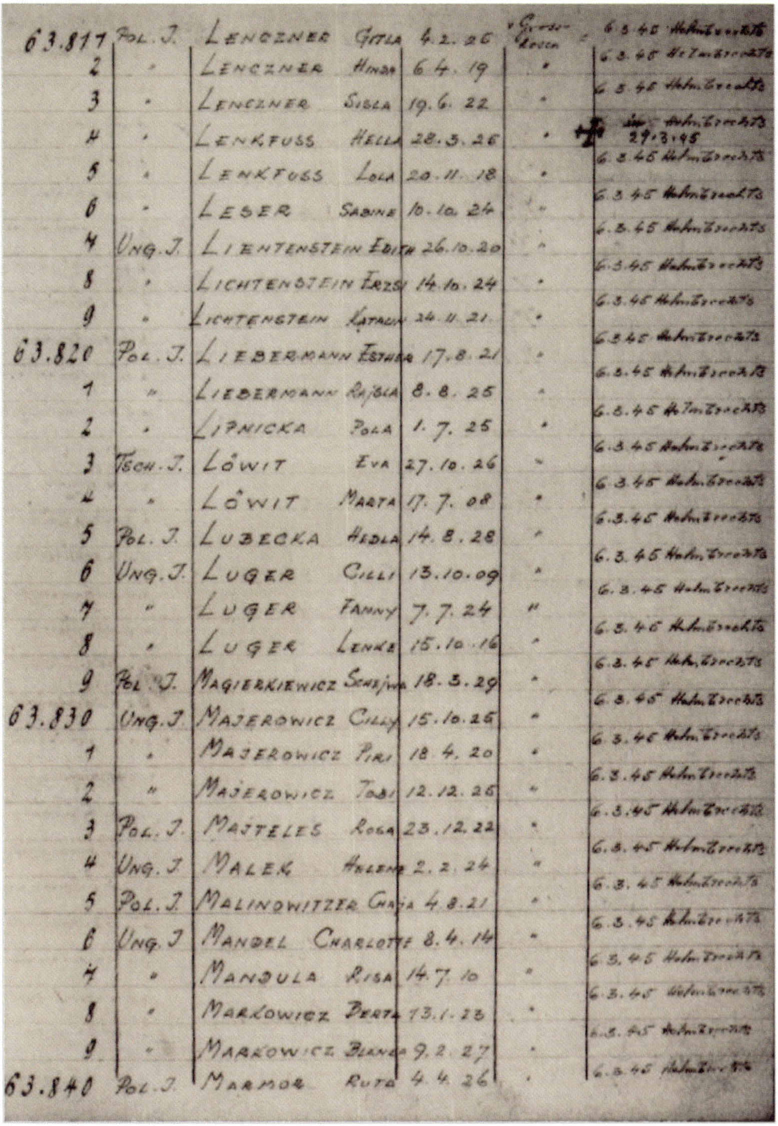

63.817	Pol. J.	Lenczner	Gitla	4.2.26	"Gross-Rosen"	6.3.45 Helmbrechts
2	"	Lenczner	Hinda	6.4.19	"	6.3.45 Helmbrechts
3	"	Lenczner	Sisla	19.6.22	"	6.3.45 Helmbrechts
4	"	Lenkfuss	Hella	28.3.25	"	† in Helmbrechts 29.3.45
5	"	Lenkfuss	Lola	20.11.18	"	6.3.45 Helmbrechts
6	"	Leser	Sabine	10.10.24	"	6.3.45 Helmbrechts
7	Ung. J.	Lichtenstein	Edith	26.10.20	"	6.3.45 Helmbrechts
8	"	Lichtenstein	Erzsi	14.10.24	"	6.3.45 Helmbrechts
9	"	Lichtenstein	Katalin	24.11.21	"	6.3.45 Helmbrechts
63.820	Pol. J.	Liebermann	Esther	17.8.21	"	6.3.45 Helmbrechts
1	"	Liebermann	Rajsla	8.8.25	"	6.3.45 Helmbrechts
2	"	Lipnicka	Pola	1.7.25	"	6.3.45 Helmbrechts
3	Tsch. J.	Löwit	Eva	27.10.26	"	6.3.45 Helmbrechts
4	"	Löwit	Marta	17.7.08	"	6.3.45 Helmbrechts
5	Pol. J.	Lubecka	Hedla	14.8.28	"	6.3.45 Helmbrechts
6	Ung. J.	Luger	Cilli	13.10.09	"	6.3.45 Helmbrechts
7	"	Luger	Fanny	7.7.24	"	6.3.45 Helmbrechts
8	"	Luger	Lenke	15.10.16	"	6.3.45 Helmbrechts
9	Pol. J.	Magierkiewicz	Schejna	18.3.29	"	6.3.45 Helmbrechts
63.830	Ung. J.	Majerowicz	Cilly	15.10.25	"	6.3.45 Helmbrechts
1	"	Majerowicz	Piri	18.4.20	"	6.3.45 Helmbrechts
2	"	Majerowicz	Tobi	12.12.26	"	6.3.45 Helmbrechts
3	Pol. J.	Majteles	Rosa	23.12.22	"	6.3.45 Helmbrechts
4	Ung. J.	Malek	Helene	2.2.24	"	6.3.45 Helmbrechts
5	Pol. J.	Malinowitzer	Chaja	4.8.21	"	6.3.45 Helmbrechts
6	Ung. J.	Mandel	Charlotte	8.4.14	"	6.3.45 Helmbrechts
7	"	Mandula	Risa	14.7.10	"	6.3.45 Helmbrechts
8	"	Markowicz	Berta	13.1.23	"	6.3.45 Helmbrechts
9	"	Markowicz	Blanka	9.2.27	"	6.3.45 Helmbrechts
63.840	Pol. J.	Marmor	Ruta	4.4.26	"	

Abb. 25: Auszug aus dem Nummernbuch des Konzentrationslagers Flossenbürg. Eva und Martha Löwditová sind unter den Nummern 63.823 und 63.824 verzeichnet.

Abb. 26: Possigkau, 1945: Nach dem Ende des Krieges stellen sich die Einwohner des Dorfes zu einem Erinnerungsfoto auf. Unter ihnen befindet sich auch die Familie, die Eva versteckte; die Tochter Vlasta und Eva in der hinteren Reihe, 4. und 6. v. l., neben Eva das Ehepaar Krystof und Ludmila Jahn.

Abb. 27: Hermannstädtel, 1945: Eva im Garten ihrer Tante einige Monate nach dem Ende des Krieges.

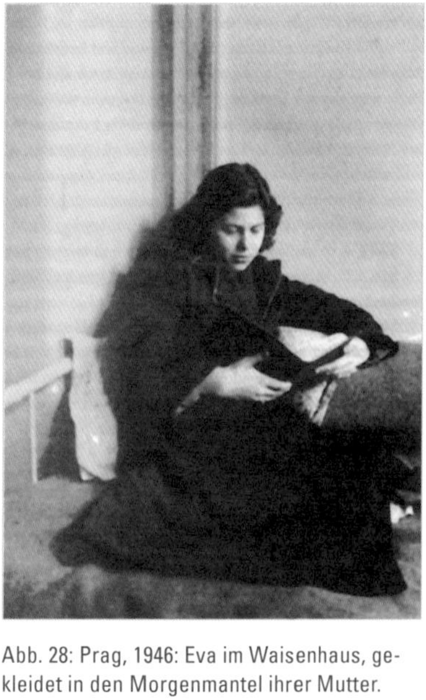

Abb. 28: Prag, 1946: Eva im Waisenhaus, gekleidet in den Morgenmantel ihrer Mutter.

Abb. 29: Bandol, Februar 1948: In Südfrankreich wartet die mittlerweile verheiratete Eva Erben mit ihrem Ehemann Peter auf die Schiffspassage nach Israel.

Abb. 30: Aschkelon, um 1952: Eva Erben und ihre 1949 geborene Tochter Daniela.

Abb. 31: Aschkelon, 1955: Eva und Peter Erben mit ihren Kindern Daniela und Alon (*1953) vor der Baustelle ihres Wohnhauses.

Abb. 32: Israel, 1980: Eva und Peter Erben mit ihren Kindern und Enkelkindern.

Abb. 33: Hermannstädtel, 1990er Jahre: Das Wohnhaus der Großmutter, in dem Eva nach dem Krieg einige Monate lebte, rechts die Werkstatt des Großvaters.

Abb. 34: Israel, 2009: Die Großfamilie Erben.

Abb. 35: Aschkelon, um 2010, Eva Erben mit ihrer Enkelin Shira.

Abb. 36: Aschkelon, 2011: Eva Erben kurz vor dem lebensgeschichtlichen Interview mit der Stiftung Denkmal.

Abb. 37: Aschkelon, 2012: Das Ehepaar Erben am Strand des Mittelmeeres in der Nähe ihres Wohnhauses.

Abb. 38: Aschkelon, 2013: Eva Erben und Daniel Baranowski beim Durchsehen von Fotoalben zur Auswahl von Abbildungen für das vorliegende Buch.

Abb. 39: Aschkelon, 2013: »Es blüht, wo noch vor ein paar Wochen Raketen geflogen sind.«

Abb. 40: Mitteleuropa heute.
Gepunktete Linie: Grenzen des Deutschen Reiches und der Tschechoslowakei 1937.

Orte im Buch
Lager
Berlin
Kulmhof
Warschau
Christianstadt
Tetschen
Groß-Rosen
Theresienstadt
Bauschowitz an der Eger
Liditz
Prag
Auschwitz-Birkenau
Auschwitz
Pilsen
Hermannstädtel
Taus
Possigkau
Preßburg
Haifa
Aschkelon

Stiftung
Denkmal für die
ermordeten Juden
Europas